AQUARIUS

AQUARIUS

AQUARIUS

AQUARIUS

Vision

一些人物，
一些視野，
一些觀點，
與一個全新的遠景！

人生障礙俱樂部

臨床心理師的暖心小劇場

劉仲彬（臨床心理師）◎著

推薦序——

讀了這本書，我們看人也能更溫柔吧

文◎蔡宇哲（台灣應用心理學會理事長）

我認為心理學知識很有趣，能夠在日常生活中處處獲得驗證。我也喜歡到處演講，展現心理學的有用與趣味。不過呢，其實以前在學習過程中並不總是有趣的，也會有許多不理解、難以記憶的內容。必須要等到理解後，並且在生活中發現各式各樣的連結，才能夠體會到當中的醍醐味。

當老師除了教學外，也常常需要對不同知識背景的大眾進行講座，所以我常在想有什麼樣的方式可以正確地傳達知識，同時還要能引發人持續地聽／看下去。

記得小時候學歷史時，總是要死背那些朝代的名稱與順序：夏商周秦漢魏晉南北朝隋唐五代宋元明清。而哪一個皇帝在哪一位皇帝的前面還是後面即位，諸葛亮到底是跟劉邦還是劉備，一堆人名之間的關係根本都搞不清楚，更不用說再加入知名戰役了。但是這一切呢，都在我讀完相關歷史小說以後豁然開朗。我不再需要去死背那一些朝代以及誰與誰之間的關係，因為它們就存在於故事裡面，聽完故事就記得了，久了以後，自然而然就理解了內容。

將知識用故事的方法來呈現，肯定是絕佳的方法之一。

第一次遇見仲彬時，看他身材高瘦、油頭大眼、穿著時尚，活脫脫是從哪個偶像劇中走出來的人，跟我以前所遇過的心理師截然不同。開始閒聊後又發現，只要有他在的場合就一定充滿歡笑，講起任何經歷或人、事、物時，都能深深吸引眾人的注意力。不僅如此，他還很幽默，跟一般對心理師的刻板印象是截然不同。於是，我內心偷偷地給他貼上一個標籤：「很會說故事的帥氣心理師」。

《人生障礙俱樂部——臨床心理師的暖心小劇場》，這本由劉仲彬心理師所撰寫的書，你把它看成是故事也好，小說、散文也好，不管是哪一類，我認為前頭可以加上「知識」兩個字，因為每一篇故事裡面都承載著一定程度的心理學知識。

就如同我前面所說，人是最喜歡聽故事的，就像你在路上看或聽到路人在講八卦的時候，耳朵就會豎起來偷聽一樣。這本書也描述著許許多多「人」的故事，讓人讀來饒富趣味，但背後並不只是好笑而已，透過這些故事，可以讓讀者很快地理解到某些心理學知識的內涵。

心理學就是研究人們行為與內在的一門學問，因此能夠用故事與對話展現出來，實在是太貼切了。

每個人的故事內容主要以風趣、詼諧的對話所構成，而當中每個人物的行為與風格都很鮮明，讀的時候，彷彿眼前就浮現書中人物的模樣。像是書中出現的樂團人物：團長修哥、吉他手鼠爺、貝斯手妹子與鼓手阿達，這麼一個獨立樂團在城市裡並不起眼，每個人在路上也都只是不會給人留下印象的路人，但細緻去了解他們，就能夠感受到深刻的生命力，以及獨特的人生。

社會上對於精神疾病汙名化的問題依然存在，大眾對於精神疾患與情緒障礙的看法仍然很負面，認為思覺失調症個案就是有危險，憂鬱的人就是過太爽想不開，對這些人的策略就是眼不見為淨。精神疾病去汙名化的工作持續在進行，但進展並不容易，因為大眾原本就排斥，更不要說主動去接觸這方面的資訊了。

幸好有了這本書，相信大家在讀過以後，除了獲得知識，看人也能更溫柔吧。

自序——我會變成這樣，都是它害的

我要控訴的，不是一個人，而是一場研討會。

二〇一七年四月，我在台大參加了為期兩天的「台灣臨床心理學會年會」，這樣的年會俗稱「大拜拜」，一年拜一次，除了補腦補血（執照積分），還能順道與朋友敘舊。那時的我，是一個執業將近九年的臨床心理師，沒什麼重大成就（現在還是），每天窩在象牙塔裡的會談室，消化著沒有盡頭的衡鑑報告與會談紀錄，再目送它們兌現成健保點數。

自從高中的導演夢被老爸打槍（如今看來，這是一顆很正確的子彈）之後，我轉投心理系一路念到研究所。歷經七年養成教育，進入醫療體系，幾年打滾摸熟遊戲規則，才發現以前課本上教的變得不太管用了。因為我們付出的，並不一定能轉換成有效的產值，而產值決定了價值，於是我慢慢陷進一種不知該如何是好的狀態，濃縮成兩個字，就是「卡關」。

我和同為臨床心理師的妻子一起出席了年會的主題論壇，主題為「創意發展X臨床心理」。為時一百分鐘的演講，主講人個個大有來頭，全是知名粉絲專頁的主理人，包括：負責策劃的黃天豪心理師、專擅親職教育的的陳品皓心理師、「心理師想跟你說」的蘇益賢與丁郁芙心理師，以及「睡眠管理職人」的吳家碩心理師。

然而，聽完演講之後，我心情低落了一整天，我想我後來會變成這樣，應該都是這場研討會害的。

這些講者不走尋常套路，而是進行跨業合作，策展文創，以更貼近民眾的方式，把臨床經驗與心理學知識交到他們手中。在醫院，我們被動接收患者，在社區，他們主動遞出橄欖枝，兩者的差別在於：一個學校有教，一個沒教。學校沒教的事，這群人卻做到了，無論是前輩或後進，全都成了中流砥柱，這讓我感到汗顏。由於整場演講的後座力強悍，逼得我不得不檢視自己在這份工作留下的重要資產——會談筆記。

我一向習慣手寫紀錄，筆記累積至今約達十本，裡頭有成千上萬則故事。我重新翻閱，再次去感受這些故事的紋理，倘若要把知識推向社區，眼前的筆記本就是個絕佳的起點，而我一直都站在上面，只是自己渾然不覺。於是同年七月，在妻子的支持下，我成立了粉絲專業「臨床心理師的腦中小劇場」，然後很幸運地就——一路被害到現在。

這件事首先害到我的肝，這一年多以來，我生活的縫隙幾乎都拿來產出文字，每天通宵趕稿，痛苦的不是書寫，而是靈感的無常，於是逐漸明白原來寫作也是靠天吃飯的一種。

再來害到我的信心，因為一路往下寫，才發現自己的腦袋有多麼匱乏，許多被我忽略的故事必須更新、翻修，許多專業知識必須重新填裝，讓它們從冷硬的知識變成溫潤的情節，從佐證病情的文字變成一個人的形狀，箇中歷程如人飲水。

故事上線之後，又害到我的人際關係，由於生性不太溫馴，應對又不照本宣科，文字意念一旦飛馳，難免傷及無辜，雖有妻子監督把關，但仍有失手之時，粉專能存活至今，端賴眾讀者海涵。

最後，害到我和家人的相處時間，沒有妻子和孩子的包容，我大概只能堅持兩個月，然後打死不承認我經營過粉專。我想，既然被相害到無法脫身，只好繼續往下堅持。

感謝那場研討會，害我成為一個開始學會反思的臨床心理師，學會在每一次會談與評估時，更細緻地去觸摸故事的經脈，感受其中的溫度。雖然為時稍晚，但總算開始起步。

於此同時，感謝寶瓶文化的知遇之恩，讓我的文字出現了厚度。感謝父母與老弟，一直以來支持我的文字。感謝摯友李為陽先生，雖然這樣講我一定會吐，但你是我的謬思男神。感謝蔡宇哲老師情義相挺，傾盡溢美之詞，幫我寫了一篇讀者見到本人一定會失望的完美推薦序。感謝每位讀者的支持與回饋。感謝會談室裡的每一個生命經驗，讓我更珍惜自己的生命經驗。感謝老婆與兩個孩子，你們是我最強而有力的後盾，特別是此時身懷六甲的老婆，這段日子辛苦你了，謝謝你，一路相信我。

人生有許多風景閃瞬而逝，但即便錯過黃昏，我們還能擁有夜晚。

目錄

人生障礙俱樂部

PART 3 生命突擊隊

前言——

修復所，營業中

這裡是上演著悲喜戲碼的小劇場、療癒創口的修復所，也是歡迎來談笑取暖的俱樂部……

這是一間購物商場，整棟建物都是白色的，採會員制，辦會員卡，收會員價，倘若把對面那間美式商場的英文招牌拔掉，大家都長得差不多，不管從外觀或體制上來看。白色商場裡頭有許多商家，商品琳瑯滿目，商場會把所有商家的店長頭像與服務項目濃縮在一張海報裡，貼在入口處，讓你知道該往哪走。

你其實不太常來這間商場，因為消費門檻比較高，類似的台製商品，附近的小型便利商店就買得到，會員卡也通用，但商場之所以為商場，買的就是品質與規模，享受的就是服務一條龍。

然而這一次，你懷著忐忑的心情踏進商場，因為你已經光顧了便利商店好幾輪，但商品效果始終不如預期。於是在朋友的建議下，你推開玻璃門，走進了一間你從來沒去過，也沒想過要進去的店家。

身心科。

這間店原本叫精神科，光看招牌就讓人卻步，包括你。這是一間大家最不想在門口自拍的店家，但因為這樣而耽誤人生的顧客不在少數，於是商場決定從善如流，正式更名。

你走進店裡，發現這間店長得跟你之前常去的肝膽腸胃科好像沒啥兩樣，裡頭的顧客有老人、小孩、上班族、中年婦女，就是沒有拿刀準備自殺或對空喃喃自語的人，這和你的想像有點落差。這些顧客也會在排隊時不耐煩，也會有自己的心事，也會低頭滑手機，還有一些人原本站在其他店門口閒晃，一直到叫號後才走向櫃台。你原本也想這樣做，但你發現，不管心病或是身疾，只要踏進商場，一樣都要領號碼牌挑商品，沒人可以跳過這個流程，至於要走進哪間店，根本沒人在意。

只有你自己在意。

問了櫃台，你才知道精神患者大概只占了顧客的兩成，其他則包括情緒困擾、老人失智、兒童過動、申請身障證明以及失眠患者等，這些人長得跟你周遭的人都差不多，如果不是在這裡相遇，你根本分不出他們的差別。經過店長親切的諮詢，他告訴你這間商店不只販售藥品，還附帶各種加值服務，這些服務包括「門診服務」、「日間復健服務」以及「急性病房服務」。

●

情傷，是你這次走進商店的主因。於是除了購買藥品，你在店長的建議下，走到「門診服務」專區，挑選更細緻的服務品項。貨架上有各種「修復工程」，工程依次計費，品項包括成人心理治療、兒童心理治療、婚姻治療、家族治療以及職能治療等，由各類專業人員負責修復。你躊躇了一段時間，最後把手伸進成人心理治療的貨架，選擇了放鬆訓練療程，地點在「修復所」。結完帳後，你走出商場，拿著兌換券，滿心期待第一次療程。

但事情才沒那麼簡單。

首先，你會在請病假時，碰上第一個難題：如何把診斷證明上的「身心科」三個字蓋掉。畢竟對商場外頭的人而言，這可能是一次不太光彩的交易。

等到主管理解你的處境後，你又會感到猶豫，因為你不知道要投入多少成本，療效才會顯現，畢竟這是一份看不見實體的商品。你沒有任何前車之鑑，沒有多少人會承認自己做過心理治療，更別談上網爬文找心得分享。

最後，你必須面對你不想回憶的過往，不想揭開的傷疤，於是你一週又一週地推遲這份修復工程。

不可否認，若要在陌生人面前自揭瘡疤，確實值得猶豫。但你擔心的不是如何開頭，而是不知該如何收尾，你卡在上述那些問號裡進退維谷，直到一個月之後，才終於鼓起勇氣，推開那間「修復所」的木門。

然後你有點吃驚。

因為修復所裡頭，好像也沒什麼特別的，說好聽是修復所，其實就是一間乏善可陳的會談室。

先講裡頭有的：有個氣色不是很好的傢伙，看起來才剛被前一個病人轟炸完；有著比咖啡廳遜色的擺設，兩張沙發、一張圓桌，桌上有一卷快用完的衛生紙，燈罩也是在連鎖家具行買的。音響喇叭傳出了品味不太妙的放鬆音樂，更不妙的是還有個孩子正在隔壁的會談室崩潰。

再講沒的：沒有貴妃椅，沒有神祕的氣氛，沒有西裝革履的治療師，牆上甚至連一幅稱頭的畫作也沒有，只有一張強調醫病溝通的公發海報。

以上這些有的沒的，都在摧毀你對「心理治療」四個字的優雅幻想，但很抱歉，這才是心理治療的實況。

在這道木門的背面，沒有奇蹟，沒有魔法棒，只有一回又一回的探詢，一道又一道的攻防，一場又一場的硬仗，而且坐你對面的那傢伙還常吃敗仗，畢竟修復心靈比修復身體吃虧的地方在於，這件事看不到實際進度。

至於這位常吃敗仗的傢伙，就叫「臨床心理師」。嗯，全銜有點拗口，由於專長是心理治療與評估，他很常被稱為心理醫師，但他其實不是什麼「心理醫師」（台灣只有精神科醫師），也不是什麼「心理諮詢師」（被諸多沒做功課的戲劇所濫用的稱號），人們之所以記不住，是因為同質性的職業太多，「臨床心理師」這五個字很容易被淹沒。

不過真正的主角，並不是這傢伙，而是這間修復所裡頭的每一位案主。他們時常因為「猶豫」而延遲修復，但也正因為這些猶豫，才讓他們口中的故事顯得彌足珍貴。

因此，與其說這是一本關於臨床心理學的科普專書，毋寧說是一場在會談室進行修復的實況直播，它產出的目的，就是幫大家推開這道木門，一窺修復所裡的全貌。透過每一回合的問答攻防，展示不被理解的傷，任何技巧都是其次，生命脈絡才是裡子。兩張沙發的距離，可以是上演悲喜戲碼的小劇場，可以是療癒創口的修復所，更可以是談笑取暖的俱樂部。

因此，無論會談室的名銜如何轉換，只要故事能夠推進，生命的縱深就能往下拓勘。站在巨人們的肩，我們把世界看得更遠，推開會談室的門，我們把人性探得更深，能夠坐在這兩條軸線交會的方寸之地，藉由語言的往返，增加對人的理解，是這個職業的幸運之處。

總之，無論是想發問的，或只是想湊個熱鬧的，推開門就不要猶豫，一起進來吧。

PART 1

人際情感事件簿

愛情裡的理解……

你笑起來的樣子

我們是不是忽略了？或許，對方只想看到我們笑起來的樣子……

「他真的很扯，從退伍到現在，沒上過一天班，一天都沒有！」

食指敲擊桌面的聲音不斷往我身上逼近，這股波動來自我對面的女人，一位戰力沒有上限的熟女主管。但離奇的是，整件事根本與她無關，事情的開頭明明不是這樣的。

真正的案主，其實是坐在門外的男人，他被懷疑有「額顳葉型失智症」（Frontotemporal Dementia，簡稱ＦＴＤ，失智症的其中一種類型），早期發病時不會出現明顯的記憶退化，而是性格突然轉變，常見症狀包括變得冷漠，語言表達不順暢等。今天的評估已經花了一整個下午，原本我打算請男人的妻子進來澄清一下婚姻狀況後就快樂收工，因此根本沒料到這場單純的失智評估，最後竟然會一路歪樓無縫接軌到婚姻治療。

「你說嘛，退伍後不工作要幹麼？我做保險的，家裡又不缺錢，要他工作，只是希望他不要整天窩在家裡。」

「我記得他是四十多歲退伍的吧，陸軍中校不錯啊。」我翻回先前的晤談紀錄。

「就是這樣才慘！出了圍牆，軍階就是歷史，而且還是沒人在意的那種。給他錢開便利商店不要，保全不做，跟我跑業務也沒興趣，眼高手低，十幾年了，每天就靠終身俸悠哉過活，一點志氣也沒有。人生每天都要有目標啊！你說是不是？」

我居然還跟著點頭，不得不說，對方的氣場著實強大，一番開示後，我已開始動搖，然後偷偷地在腦中規劃六十歲後的人生。

「當初我們結婚時，就希望他能培養一些責任感。」

「他有嗎？」

「有是有，如果符合不喝花酒，按時領錢回家的標準，他算啊，因為他本來就沒什麼朋友，哪來的交際？」

「那他退伍後呢？」

「我那時剛升協理不久，工作比較忙，所以都由他負責接送女兒上下學或上補習班，三餐也都是他在料理。」

「還滿盡責的啊。」

「這是基本的吧，我也沒閒著啊。等到女兒上大學之後，他就真的沒事幹了，每天都要我三催四請，結果呢，公職考不上，身段又不夠軟，找什麼工作都碰壁。以前他就不太擅長交際，這幾年開始又變得更自閉，對我也愛理不理的。」

「他之前個性怎樣？」

「就很隨興啊，不太會看人家臉色，年輕的時候喜歡講一些無聊的笑話，還動不動學放屁的聲音，再不然就偷搔別人癢，有時候連我在生氣都還這樣弄，根本長不大，我們家戶口應該要再多報個長男。他這樣能升到中校，只能說這個國家實在太缺軍人。我們家妹妹是很吃他那一套啦，但要是跟他住在一起，你就知道有多丟臉了。」

不，這種年歲還願意搞笑的男人，根本就是國寶。

我隔著門縫望出去，國寶男就坐在等候椅上，臉上沒有表情，外貌比實際年齡還蒼老——與其說是倦怠，倒不如說像是對一切都無所謂的樣子，不過那並不是因為淡定，而是棄械。我很確定，那樣的男人絕對不可能去偷搔別人的癢。

「他是突然變冷淡的嗎？」

「也不是，這幾年慢慢轉變的。」

我突然想起評估時，男人對我說過的話，但眼前的女人應該還不知道那件事。

「你似乎對他很失望。」

「我是不否認啦，但他更應該要對自己失望吧。他那幾個舊同事幾乎都順利轉任公職，每個都還在拚，但他完全不以為意耶。」

「嗯，那你有期待他要變成什麼樣嗎？」

「不知道，但至少不要在家軟爛。」

「好，假想一下：你們兩位都是馬拉松選手，只不過你是全馬，他是半馬。雖然起點相同，但這是一種錯覺，因為你們原先報名的組別就不同，實力也有落差，自然會抱持不一樣的跑法與心態。你是拚了命想超越每個選手，讓其他人只能看到你的車尾燈，而他是只求跑完全程就打卡下班的那種咖。在跑道上，你是雄獅，他是弱旅。

「直到有一天，他終於跑完賽程了，想好好放鬆一下，於是躺在終線，納涼放空。一路領先的你看不過去，只好不情願地停下來折返到他身邊，希望他繼續跑下一場，因為你始終堅信，人生總有下一場比賽。一切看似合理，但最大的問題是——他根本沒準備好啊！

「一個是才剛結束比賽的人，一個是只跑到一半的人，同樣要他們繼續跑下去，面對長長的跑道，兩人的態度絕對是截然不同的。對你而言，你的終點還很遠，還有很多人等著被你超越，你根本不需要熱身，就能維持跑速，趕上進度，因為你熱衷跑步。但他顯然不是，看他那樣，肯定比較熱衷散步。」

「這種事可以訓練啊！」

「沒錯，但前提是，他必須對這種事有興趣。這世界上，有很多人其實是對工作沒興趣的，只是為了餬口不得不做，或許對你先生而言，這就是他的困境。如果你們結婚當時他就是這樣看待工作，那當他退休時，實在沒理由蛻變成一個正向又熱情的人。」

「好，看來是我在勉強他，那他可以講啊，沒必要把我當空氣。」

「依我看，他應該不是一下子突然掉到這種狀態的。」

她點點頭。

「說實話，你先生在兩個鐘頭前跟我提過，他不是故意變得冷漠，而是放棄跟你溝通了。」

「放棄溝通？他有跟我溝通過嗎？」

「溝通不一定要正面交鋒啊，有時候也可以旁敲側擊。會不會經過某些互動後，讓他感覺到溝通或許不會太順利，於是逐漸放棄了呢？」

「誰知道，我只知道他之前常常練肖話。」

「這就對了，要讓一個常常練肖話的人放棄互動，那需要多大的阻力啊！這表示他可能受到了滿大的挫折。」

「可是我也很挫折啊！」

看來到目前為止，她一直沒找到關於先生的使用說明書，因此，我必須找到方法讓她理解先生的處境。

「我明白，你們現在的處境，很像我看過的一部電影，尤其是它的結尾，那部片叫《愛在午夜希臘時》，你聽過嗎？」

她點點頭，但透過她的眼神，我可以大膽地假設她一定只聽過楊烈的〈愛在沸騰〉。不過沒關係，我請她給我五分鐘，讓我把故事背景交代一下，然後直接將劇情拉到結尾。

主角也是一對老夫老妻，在希臘的旅途中，兩人一路為了雞毛蒜皮的小事起爭執，不斷在冷戰與和解中折返。一直到最後五分鐘，女主角茱莉蝶兒仍舊為瑣事生悶氣，苦無對策的男主角伊森霍克為此講了一長串自以為有哏的冷笑話，但太太卻毫不領情，直接請他閉嘴，氣氛十分尷尬，此時他對太太說了一段話，接著我把那段台詞轉述給她聽。

她罕見地沉默了一會，沒再多講什麼，只是抿著唇，臉上甚至還有一點點不屑，對治療的一方而言，那是個讓人有些氣餒的表情。

「我知道了，今天差不多了吧。」語畢她隨即起身，對於眼前的會談桌與對談都不太眷戀，只是低著頭，躲過我的注視，逕自走向外面那落寞的男子，連背影都那麼倔強。

或許，今天的對談對她而言，只是用來確認自己的委屈，一旦回到家，她可能就會忘記大部分的內容，只留下某些情緒。但我希望，她不要那麼快忘記那段台詞，那段她老公始終無法說出來的台詞：

「其實我這樣做，都只是想逗你笑而已。你想要真愛，這就是了，它並不完美，但這才是真的。」

不知道從什麼時候開始，取悅對方或被對方取悅，成了一件奢侈的事。不是因為這件事的難度多高，而是我們已經習慣不去做這件事。

或許是因為，我們一直渴望看見對方變成我們要的樣子，而忽略了，對方或許只想看到我們笑起來的樣子。

哪一種樣子，比較珍貴呢？

愛情裡的讓步

讓步是一件很搖滾的事

讓步不代表認輸，而是伸出手，讓對方能夠從容地走下台階。

修哥是個吉他手，一個Rocker，也就是俗稱的搖滾咖。

修哥白天是樂器行店長，晚上搞樂團，英文名字是Jah，但沒人知道怎麼唸。身材高瘦，一頭自然捲，因為懶得整理，於是任性地把樂團取名為「離子燙很貴」。他的左手臂有個梵文刺青，中文意思是「只有惡魔知道我的名字」，這是為了紀念他的第一首自創曲，光聽名字就覺得不妙，樂團明明有四個人，卻只有三個人為這首歌按讚，因為連鼓手都不想承認它的存在。

總之，是一個很妙的人。

對一個搖滾咖而言，做心理治療絕對不是一件什麼很搖滾的事，就連去吃早餐都比它搖滾。但修哥不這麼認為。他沒什麼藝術家的架子，一方面是因為我也喜歡聽團，兩人聊得投機，一方面是因為他身為團長，感情困擾向團員求援實在有失顏面，我身為一個熟悉的陌生人，是最適合的對象。

「你不覺得女人很麻煩嗎？」這是他的固定開場白，但厲害的是每次接下來的故事都不一樣。

「怎麼說？劈腿了嗎？」

「劈腿？拜託，女人一個已經夠麻煩了，為什麼還要來個兩人份的？」

「這句不錯。」

「你可以抄下來。」他比出「一分」的手勢。

這是個幼稚的競賽。每次治療時，一旦覺得對方講的話很搖滾，就可以跟他要這句話的版權，然後運用在任何平台。當初這樣做，只是為了讓心理治療看起來比較酷，但每當聽到自己那些金玉良言被寫進那些莫名其妙的歌曲時，我就有點後悔。

「這半年我們超常冷戰的，都是些雞毛蒜皮的事。你知道我這女朋友小我十四歲，但二十六歲的女人也該成熟了，所以這件事真的很困擾我，你要幫我。」

「哪件事？」

「你小便會不會分叉？」

「嗄？分……分叉啊，嗯……這麼私密的事，我……」

「不用說了，你會！因為我每次都等你從廁所出來之後才進去，但又怎麼樣，我也會，只要是男人都會。好，我承認我有時候會忘了擦，但你提醒我就好了嘛，需要一邊碎唸一邊翻八百年前的舊帳嗎？搞得我好像很不愛乾淨一樣。她的鞋櫃才叫災難，根本就是被人形蜈蚣肆虐。」

「但尿不準很明顯是你的問題。」

「才怪，尿不準原理是個定律好嗎？不過我有試著彌補啊，你說我就做，夠乖了吧，但她氣起來完全不聽你解釋耶，她不想知道原因，她只想要你道歉，她只想贏。好，這些我都認了，但有時候她真的不可理喻，上禮拜還把鐵盤放進微波爐，多狂啊。明明做錯了還嘴硬，我才不甩她，大家一起來硬撐啊，看誰先低頭。」

「王爾德曾說，女人是用來被愛，而不是被理解的。」

「王爾德是誰？」

好，算了。搖滾咖不需要知道愛爾蘭作家。

「而且這中間不是沒跟她講道理喔，微波遇到金屬會反射啊，加熱穩死的嘛。」

「那你的物理課有用嗎？」

「完全沒用。才講到一半她就惱羞成怒，又把尿尿分叉的事拿出來鞭我，這已經變成一道免死金牌了，好像非要這樣搞才能打平，所以接著又冷戰了。」

「嗯，看得出來你有試著拆炸彈，只是時間點不太對。」

「怎麼說？」

「你講的那些道理，她應該都懂吧，只是情緒一旦起來了，理智是不一定能追趕得上的，不，應該說很難追上。爭吵當時，就是會出現『你說這些我都知道，但我就是很不爽』的狀態。」

「這根本不是大人吧。」

「你是大人嗎？」

「從肢體構造到心智年齡，都是個徹徹底底的大人。」

應該是大叔吧。

「很好，那你有沒有練團練到一半，因為跟團員吵架然後練不下去的經驗？」

「常常，都是因為那該死的鼓手拖拍。」

看來他真的很恨那個鼓手。

「所以你身為一個理性又成熟的大人，有沒有在那個時候，試著和他講道理呢？」

「講個頭，那時候超不爽的。」

「那如果有人過來跟你講道理呢？」

「我是團長耶，是練團室唯一的真理，誰敢過來嘴。」

「是囉，那時候連你都不想聽道理，更何況是比你小又不理性的女朋友呢？」

修哥一邊想一邊嘟著嘴。面對這樣一個滿臉落腮鬍的大叔，我很不想看到他對我嘟嘴。

「討個勝負的確很重要，但你是在談感情還是爭中央預算？情侶爭吵的時候，無論男女，理虧的那一方，到最後無非都只是想找個台階下。

「讓步本來就是感情的一部分，收尾的方式，才能決定你是不是大人。到了那個時候，孰是孰非不太重要了，硬道理大家都懂，但她只想被安撫而已。你可以把她當成一個蠻橫的數學家，因為這件事，在她眼中已經不是正負值，而是絕對值。」

修哥眼睛一亮，「絕對值？這段可以抄下來嗎？」

我點點頭，一比一了。

「換個角度想，你彎下腰，不是低頭認輸，而是優雅地伸出手，把她從尷尬的舞台上牽下來，這樣不是很紳士嗎？她有面子，你有裡子，雖然在當下她似乎勝利了，但她一定會記住你的讓步，等到落幕了再說教，她會比較願意聽吧？」

「但一直讓步也不是辦法。」

「沒錯，需要你一直讓步的感情，大概也沒什麼好眷戀了，分手吧。」

「並不想。」

「那你有一直讓步嗎？」

「並沒有。」

「那你的音樂點擊率高嗎？」

「並不高，別鬧了。」

「那我建議你試試看。不一定要每件事都讓步，但可以從不至於鬧分手的瑣事做起，譬如你常分叉的小便，你可以勇敢地把那圈尿漬擦掉，然後試著對她說：『好吧，不好意思，我剛剛語氣比較激動……』」

「這句很老派，而且沒什麼用。」

「那是因為你通常會接著說：『可是你剛剛口氣也沒有比較好啊……』說實話，後面這句話真的超不搖滾的，你是個大人，拜託以後別講了。」

想讓修哥聽話，只要跟他說「那樣做很不搖滾」就行了，很有效，你也可以試試。

「講是可以講啦，但如果當時讓兩個人彼此都冷靜一下，不是很好嗎？為什麼一定要我先示好？我就是太在意她，才會落得這種下場，早知道就裝酷。」

「可以啊，你可以當超酷吉他手，反正最多就是歹戲拖棚而已。只是如果後來你贏了，她走了，你最後能做的，就是把整件事寫進歌詞裡，然後沒人會去按讚。」

修哥皺著眉，似乎還在垂死掙扎，我決定送上最後一擊。

「你呢，就繼續裝酷，到最後一定會勝出，但留不住幸福。」

沒想到他聽完這句話，神情頓時變得詫異。

「沒錯，這句你可以記下來。」

接著修哥若有所思地點點頭，二比一，這下我終於把比分超前了。

趁著修哥的態度有些軟化，我試著邀請他想像各種讓步的語句，不過他看起來不是很甘願，一副就像有人逼他在最後一天把暑假作業全部趕完的樣子。於是我建議把它當成歌詞來寫，雖然很媚俗，但至少能引起共鳴，最起碼它的按讚數一定會超過四人，因為我也會上去按，他才開始覺得這件事有點酷。最後在我的建議下，他把其中比較有誠意的一句，傳給還在冷戰的女友，至於內容就保密吧。總之，這整件事讓他了解到：

學會讓步，才能讓我們在愛情中轉大人。

這次治療，他覺得他賺到了，因為除了女友傳來的回音讓他還算滿意，他還換到了兩首歌，一首叫〈一百種讓步的開場白〉，一首叫〈蠻橫的數學家〉，他說我可以掛名共同作詞（其實內容根本都是我想的）。

治療結束後，我們照常道別，但就在他準備開門時，突然轉頭對我說：

「對了，關於什麼繼續裝酷的那句，就是你叫我抄下的那句……」

「怎麼了，很有感覺吧？」

「那是方大同的歌詞吧，那首我們之前練過。」

接著他以瀟灑的背影向我比了個搖滾手勢，意思是這一分不算，然後我想起他那副詫異的表情。

這下真的威信盡失，不該在搖滾咖面前賣弄的。

◇◇◇◇◇◇

＊方大同的歌詞，出自〈情勝策略〉一曲，農夫作詞。整首歌詞都是關於戀愛的反指標，反諷得非常有意思，曲子聽起來也很舒服，適合晚上聽。

◇◇◇◇◇◇

愛情裡的見異思遷

修哥的百分之百女孩

百分之百的女孩，是瞬間的運氣。
百分之百的投入，是扎實的耕耘。

「如果錯過了怎麼辦？那可是百分之百的女孩，一生一次的機會啊！」
修哥又來了，而且這次還為了一個素昧平生的女人連續失眠三天。

事情發生在三天前，小週末的夜晚，酒館打烊前一小時，終於輪到「離子燙很貴」

樂團上場。台下大概有十七個人，其中有一半是醉倒的，包括老闆，另外一半則是不斷拉著醉漢聊心事的人。也就是說，在場唯一醒著的，只有酒保。

於是修哥有氣無力地唱著自創曲〈一百種讓步的開場白〉，腦中想的是一百種叫醒觀眾的開場白，鼓手的鼓棒掉了好幾次也沒人在意。

此時，一個穿白色連衣裙的女孩慢慢走下樓梯，手裡拿著一本原文書，應該是東歐藝術史概論之類的，淡淡的妝，一頭長髮把燈光散射得更柔軟，就在那電光石火的瞬間——

等等！我打斷修哥。

「晚上十一點半，一個白衣女文青拿著什麼藝術史概論到三流酒館聽歌，這麼離譜的畫面肯定是投射作用。你生命中是不是還有什麼沒完成的遺憾之類的？」

「亂講，反正那時候，她在我眼中就是那樣子。巴布狄倫說過，有人能感受到雨，有人只能被淋溼。你生性不浪漫，注定只能當被淋溼的人，沒辦法當詩人啦。」

很難想像竟然有人把視幻覺當成一種詩意。

回到酒館。女孩四處張望，應該正在找人，但很不巧，等她的人也加入了醉倒的那一方，於是她成為觀眾席裡頭唯一清醒的人。酒保端來一支啤酒，她輕啜一口，優雅地抿掉上唇的泡沫，抬頭看了修哥一眼，然後——

「然後她就開始滑手機。」

我一說完，修哥便一臉驚訝地望著我，「你怎麼知道？」

「因為這是個十分合理的舉動。不過，自己苦心寫的歌被直接無視，就算繼續失眠三個月也說得過去。」

「才不是咧，正好相反，我們對上眼的瞬間，我就知道是她了，她就是百分之百的女孩！那種滿不在乎的態度，反而激發了我的表演欲，我的電吉他開始變得狂暴，刷弦石破天驚，彷彿她只要低頭就能遙控整場演出。我們之間那種無形的牽繫，就像一對失憶的情侶意外重逢，就算整場表演只看得到她的頭頂我也不在意，因為她頭髮垂下來的角度超級完美，撩髮的動作無懈可擊。她讓我愈彈愈帶勁，她很清楚引誘猛獸的後果！」

後果就是她繼續滑手機。我才聽一半就想喊卡，而且跟村上春樹的感覺一點也不像。

「但沒想到她滑了十分鐘就離開了，酒沒喝完，旁邊的傢伙也沒醒，整件事就像誤會一場。」

「結果呢？」

「我整個人都乾了，乾的地方，靈魂是待不住的。我應該要義無反顧地追上去的，想起來就超後悔，不知道是不是因為這樣，這幾天作夢都夢到她，然後就醒了。」

「一直夢到一個人的頭頂，究竟是什麼心情呢？」

他比了一個不雅手勢。「靠，我是認真的！」

我相信。因為修哥並不是個渣男，沒有出軌紀錄，對於彈吉他的熱情遠大於談感情，卻對一個素昧平生的女人起心動念失魂三個晝夜，表示事態有點嚴重。

「如果錯過了怎麼辦？那可是百分之百的女孩，一生一次的機會啊！」

「好，你先別急，讓我問個題外話：那晚的表演，你滿意嗎？」

修哥頓了一會兒。

「滿意，團員原本就滿有默契的，新歌也苦練了一個月，雖然上台的時間點很糟，但節奏的流動很不錯。只是沒想到她的出現竟會讓我火力全開，那晚的音樂，聽起來是有呼吸的，而且是為她呼吸。」

他已經完全忘記那首歌原本是寫給女朋友的。

「你手上那把琴呢？彈得順手嗎？」

「琴？幹麼扯到吉他？」

「先回答嘛。」

「很順啊，誰會買不順手的琴？這把算是珍貴的型號，一個前輩讓給我的。」

「如果可以，你會給它幾分？」

「嗯……八十五分吧。」

「為什麼不是一百分？」

「別鬧了，哪有這種東西？況且吉他之神是不需要神器的，那是凡人才會糾結的事，到了我這種層級，技術等於王道。」

「如果有天，有個高中生跑去你店裡，說請給我一把百分之百的吉他，你會怎樣？」

「指著大門，跟他說出口在那裡。」

「你店裡難道沒有一把讓人感覺到百分之百的吉他？虧你還是店長，怎麼連把吉他都挑不出來。」

他肯定被我刺激到了。

「就是挑不出來！首先呢，吉他不會永遠保持在最好的狀態，這種話怎麼能說滿呢，我從高中開始彈，沒看過哪一把是百分之百。第二，我心中的百分之百，在他心中也未必是，如果我亂打包票，他彈一彈不合手回來找我退錢，那我豈不是更虧。最後，就算你手上有把一百分的吉他，不會彈，那把吉他也是零分。還不如拿把中階的琴好好練，好好跟它相處，按表操課，把技術和手感培養起來，直到夠格上台了，再來談組團的事。」

他一邊捲袖子，一邊說。

「我在這圈子混得也算久，看過有人背了一把上萬元的吉他，彈了一場五十分的表演，也看過有人用了一把七十分的吉他，彈出一百分的表演。前者淪為笑柄，後者走上神壇。可想而知，觀眾對他們的評價，跟吉他已經沒什麼關係了，一百分的技巧比一百分的吉他還重要！」

我認真地抄下修哥講的每一句話。在我看來，這場治療已經差不多結束了，只是他自己還沒意識到。接下來的任務，就是把它切換成修哥熟悉的頻道。

「好，再回到那晚的表演，如果給它一百分——」

「不是如果，我的表演沒有如果，它就是一百分。」

這傢伙如果不是我的案主，我也會把出口指給他看。

「你那麼強調技術，那麻煩幫我想想：在這場一百分的表演中，你的技術占了幾分？那把吉他又占了幾分？」

「技術占九成吧，喔不，做人要謙卑再謙卑，技術七成，吉他三成。但說真的，那晚彈到後來，我覺得自己就算彈空氣吉他也能發出聲音了，那是一種渾然天成的境界。」

那是一種嚴重妄想的症狀。之後他就開始在我面前彈空氣吉他，也就是說他手上根本沒有吉他，卻一直做出壓弦與刷弦的動作，而且還不斷咬下唇，表情就像在解一題很難的微積分，而那是我人生少數想報警的時刻。

「好，題外話到此為止。不過，你可能要失望了，因為你的算術有點問題。」

「怎麼說？」

「台下那位，並不是百分之百的女孩，而是百分之三十的女孩。」

他露出困惑的表情，無法理解剩下的七十分跑去哪裡。

「我先問你，你所謂的戀愛，只是把她帶回家像標本一樣供著就好了嗎？」

「怎麼可能，看不出來你有這種癖好，金變態捏。」

沒辦法，有時候就是要忍受這種無理的指責。

「會這樣說，是因為只有把她當標本，她才會是百分之百的女孩，如果不是，我就要重新解釋了。」

他點點頭。

「接下來的比喻可能有點物化女性，但絕對不是故意的，就姑且聽之吧。我們先發揮一下想像力，把你那晚滿分的表演，想像成一場談戀愛的過程，可以嗎？」

「嗯，然後？」

「當中技術占七成，吉他占三成。問題來了，那把吉他代表什麼？」

「代表……嗯……喔，我交往的對象！」

「很好，所以即便你的對象是個百分之百的女孩，也只占了整場戀愛的三十趴，也就是百分之三十，對吧，這數字還是你給我的。」

「喔。」修哥開始不對空氣刷弦了。

「換句話說，剩下的七十趴，才是整場戀愛的重頭戲吧。拿到再好的琴，也得先好好跟它相處，按表操課，把技術跟手感培養起來，才會有那晚的演出。」

我把剛才抄下的內容，重複一遍給他聽。

「所以按照你的計算邏輯，不需要百分之百，即便是百分之八十的女孩，只要有純熟的技術，對你們的交往結果都不會有太大的影響，除非你的對象非常糟糕，糟糕到連技術都無法挽回。但你剛才說，沒人會買不順手的琴，所以我想你的女友應該不至於糟到這種地步吧。」

修哥搖搖頭。

「這麼說，能夠左右一段感情的，應該是這七十趴的技術囉。在愛情裡頭，技術指的就是交往時為彼此付出心血的過程，這不正是感情裡最珍貴的部分嗎？

「從初識時的客套，經過再三試探，產生信任之後，才能把自己的某部分交給對方，繼而願意為了對方去調整自己的價值觀與習慣。調整時總是會出現爭執，再從爭執中學會妥協與讓步，努力讓關係變得更成熟。我剛剛說的這些，都不是教科書上的步驟，而是你們一直以來都在做的事，那些你們早就習以為常的事。

「跟所有技術養成的原理一樣，感情是由生活中的喜劇和悲劇交疊而成的，是經過時間與淚水認證的，因此才會產生厚度，才會在你的人生占有一定的分量。因此，即便你遇到了一個真命天女，你還是得經歷這七十趴的修練，別以為這樣就能跳過去，也不代表你們往後的相處就能順風順水。」

修哥沉默了。

「我問你，你跟小女友交往多久？」

「四年多吧，她大四的時候來找我學吉他。」

「這段時間，她有為你改變什麼嗎？」

「嗯，她爸媽其實很反對我們交往，除了年齡差距，還有我的收入很不OK，四十歲還在租房子，表演也有一搭沒一搭的。因為這樣，她畢業後就一直拚命賺錢，希望一起把樂器行的二樓買下來，兩年前還換了時薪比較高的工作，但從那之後，她的經期就不太穩定。還有，雖然我自己也刺青，但我還是覺得女生刺青不好看，於是她就悄悄把腳踝上的刺青用雷射清除掉。那是她十八歲時偷刺的，位置並不明顯，我只有之前教琴的時候跟她提過一、兩次，結果交往後，我就只有看見淡淡的疤。後來我才知道，雷射其實非常痛，每一下都像訂書針刺進肉一樣。」

「那你呢？」

「我喔，跟她在一起之後，好像比較有動力存錢，吉他課也多開了好幾堂，什麼爛表演都接，但還是拚輸她。有一次透過前輩引薦，準備和日本廠的吉他業務主任見面，他們的品質沒話說，如果談下來，利潤非常可觀。但女友總覺得我的髮型不太正經，後來聽了她的話，我做出這輩子最大的犧牲，就是狠下心跑去燙超貴的離子燙，結果生意談成了，但我每次照鏡子都有毀滅它的衝動！」

修哥秀出手機裡的照片，那是他們在髮廊的合影，髮型非常驚悚，還旁分，但表情很生動，我從來沒看過如此崩潰而又甜蜜的表情。

我把手機還給修哥，對他說：

「愛情最偉大的地方，就在於兩人願意為對方改變自己，哪怕只是一個微不足道的習慣或觀念。改變是一件很不簡單的事，你跟自己相處的時間，遠比跟對方相處還久，但你卻願意為她更動長久以來的設定，這股動力，不就恰好換算出對方在你心中的價值嗎？我相信她一定是好到某種程度，才能讓你付出對等的意願來改變自己，對她來說，你也有一樣的價值。

「但你現在的狀況卻是，無意間看到了一把新的琴，讓你的內心充滿了巨大的詩意，於是在不確定的情況下，準備放棄手上的琴，捨棄你的團員，扔掉整組練好的成品，然後重新創業。在你的職業生涯裡，有發生過這種毫無邏輯的事嗎？」

「沒有。」

「很好。因為你已經太熟悉那些相處的過程，於是忘記當初磨合的辛苦，忘記那股決定為對方改變的動力，忘記就算找到一個百分之百的女孩，還是要經歷一樣的過程才能走下去，忘記如果發展不如預期，你就是兩頭空。

「又或者，你其實想分手。對於一個想分手的人來說，百分之百的女孩，肯定是一個說得過去的理由。所以，你想放棄現在的感情嗎？」

「不想。」

「很好。」

我跟修哥都各自沉默了一段時間，修哥的表情，就像在試著回想一段久遠的旋律。

「不過我還是想問：世上真的有百分之百的女孩嗎？」

「我不知道，你可以寫一首歌問問大家，可能真的有，可能前幾天才從我們眼前溜走，那又怎樣？錯過了真命天女，但能和一個很不賴的路人修成正果，跟六十歲時終於等到真命天女，卻只能感嘆相逢恨晚，哪一個比較讓人不遺憾？」

「等等，你這句我抄下來，一比零了喔。」

「身旁能有一個值得我改變的人，還能共同擁有很棒的回憶，對我而言，這就夠了。對方夠好就行了，不需要百分之百。」

「那夠好的程度是什麼？」

「最起碼你們的笑點要一樣吧。」

修哥突然用力地拍了一下手掌，應該是想起了那個讓他想砸鏡子的離子燙。

「好，這句再借我抄。笑點，要一樣，欸，你今天兩分了耶。等等！你不會像上次一樣又是抄歌詞的吧。」

「不是，這是《麥田捕手》的名言。」

「捕手喔，哪一隊的？」

一個連《麥田捕手》小說都不知道的人，竟然還敢談寫詩。

結束前，我只給了一個建議，就是請他把那張離子燙合照換成手機桌面，重新溫習什麼叫夠好的對象。

其實，只要一開始請修哥忍耐個兩週，什麼事都不用做，這種突如其來的熱情便會自動降溫，雲淡風輕，今天的治療也能迅速收尾。但我更想讓他明白，對一段感情而言，對方要的，不一定是百分之百的男孩，而是能百分之百投入的決心。一百分的技巧，比一百分的吉他還重要。

百分之百的女孩，是瞬間的運氣。百分之百的投入，是扎實的耕耘。

愛情最偉大的地方，
就在於兩人願意為對方改變自己。

社交畏懼症

害羞的貝斯手

我們不一定要面向世界，才能展現自信。

「這是我生命中最重要的一場表演，結果那傢伙，居然給我從頭到尾背對觀眾！」修哥氣炸了，講得好像他的小巨蛋首演被那個貝斯手給毀了一樣，事實上，那個貝斯手才是他們樂團唯一合格的樂手。

修哥算是我職業生涯中很重要的一名案主，除了我們都喜歡音樂，拜他所賜，我已經向醫院投了一份研究案，目的是進行自戀型人格的活體研究。

他們的表演，我去看過幾次，畢竟他的創作幾乎都是抄襲我說過的話。到了現場我才明白，這個團不紅是十分合理的。

從團名開始就是個錯誤，裡頭的樂手沒有一個人在狀況內：主唱超級自戀——修哥平常講話還算悅耳，但歌聲卻非常傷身，傷的還是觀眾的身，那支麥克風彷彿打開了地獄的入口。電吉他手像個長期酗酒的大叔，從頭到尾都只用一種姿勢刷弦，我相信就算把那把吉他移走，他還是會站在原地刷弦。鼓手嚴重脫拍，應該是敵團的臥底，他跟主唱沒在台上開打簡直是奇蹟。

貝斯手是個年輕的女生，也是現場唯一尊重演出的人。雖然一直低著頭，但撥彈指法十分靈巧，節奏律動（Groove）也很對拍，只是表現有點緊張，通常每一首歌都會出包一小段，還有一次去上完廁所就沒再回來了，於是這個團的剩餘價值等於零。

「你知道貝斯是拿來幹麼的吧？」

「我知道。」

「沒關係，我解釋一下你就會懂了。」

完全無視我啊，但我沒阻止他往下說，畢竟治療是以小時計費的，要是在這段時間內，有個傢伙願意花時間講一堆你早就知道的事，而且還不用回應，只要隔幾分鐘嗯哼一下，最聰明的做法，就是不要破壞他的興致。

「我簡單說，一個樂團通常有吉他、貝斯跟鼓三樣配器。吉他負責旋律，鼓負責節奏，這兩個樂手通常在台上都很顯眼，也都有獨奏的空檔。相形之下，貝斯就低調多了，因此很多人不知道貝斯的作用。你知道嗎？」

「我知道。」

「沒關係，不知道也很正常。」

有時候就是得忍受這種任性的案主。

「想像一下，如果把貝斯抽掉會怎樣？吉他會持續發出高頻的音，鼓聲會響徹全場，雖然場面很嗨，但實際上音場會變得乾澀且刺耳，這是因為缺了低頻樂音的關係，如果把貝斯補回去，就能磨平表演的稜角，讓音場變得渾厚飽滿。也就是說，貝斯是鼓與吉他的橋梁，負責填滿表演的接縫處，既負責節奏，也負責一部分旋律，雖然不像吉他和鼓有主角光環，卻是不可或缺的黃金配角。這一點，跟妹子的個性很像。」

妹子就是今天的主角，那位害羞的貝斯手。

「妹子是一個大學學姊推薦的，從小練古典樂，哥哥、姊姊都練小提琴，而她似乎不想當主角，因此選了低音提琴，一路從國小音樂班練到高中，之後因為技巧沒再進步才改玩搖滾，據說是她的老師建議的，說這樣對她會輕鬆一點。這擺明就是揶揄啊，結果她居然動真格地背起貝斯，我猜她應該是被家人放棄了。而我之所以用她，就是因為我堅持一個信念：『搖滾樂一定可以拯救古典樂的棄將』。」

「我比較相信她可以拯救你的樂團。」

「你這樣羞辱個案是合法的嗎？算了，總之她一進團之後，我就覺得不太對勁。見面永遠不打招呼，表情尷尬得要命，討論的時候，只會龜縮在角落，一點名就臉紅，回答總是結結巴巴的，每次約聚餐都臨陣脫逃。但套團（排練）的時候，她的拍子居然抓得一清二楚，一撥弦就變成另一個人，那手指就像裝了什麼驅動程式一樣，靈活得不得了。只是很不幸地，第一次登台她就垮了，那是個小型音樂節，要自費報名的，她才彈完第二首就直接在後台吐了，接下來的歌，我只好自己扛。」

我想像著沒有妹子的樂團，應該就是三隻野獸的狂歡派對，底下全是受害者。

「那次她說吃壞肚子，最好有那麼剛好啦。進團一年多，登台也快二十次，撐完全場的次數，五根手指都算得出來，其他的都是崩潰收場，她真是祖上積德才遇上我這種宅心仁厚的前輩。拜託，進廚房就不要怕熱，我們以前哪有那麼容易崩潰，我有個師兄好不容易開演唱會，想不到在台上彈得太狂野，居然被他當場彈斷了一條弦，還直接往臉上掃，結果你猜怎麼樣，他沒下台，他堅持住了，就算彈空氣貝斯，他還是留在台上。我在底下都快哭了，我永遠記得那個晚上，那真是樂壇的奇異恩典，彈一把壞掉的貝斯，還是能讓人覺得發出聲音，能不跪嗎？」

我要是聽眾我也跪了，花了一筆錢來聽一個有幻聽症狀的樂手彈琴，而且還是沒什麼病識感的那種。

「上禮拜那場表演非常難敲，因為有位厲害的前輩會到場，聽說他正在找表演的暖場團，要是能幫他暖場，出單曲就指日可待了。我動用了各種關係才終於卡到位，事前也花了一倍時間彩排，結果咧，她居然一上台就背對觀眾，而且還是一整場，前輩臉都垮了。要演這齣也不早講，至少可以先在她背上寫個『沒有人是局外人』還是『非核家園』之類的，加點政治分數也好，我看喔這次應該是凶多吉少。

「後來我實在氣不過，只好把她叫過來聊聊，結果她支支吾吾了半天就哭了。我之前說過最怕女人哭，還好我女友在顧店，一聽到哭聲就把我趕出練團室。後來經她轉述，才知道妹子之前的表演規模從來沒有少於四十人，她可以在不顯眼的情況下完成表演，但自從進了我們團，成員一下少了三十五個。以前要是出糗，還有一堆人一起扛，現在表演一旦出包，觀眾表現出不耐煩的樣子或是發出噓聲，就好像變成是她一個人的問題，所以她只好背對觀眾，比較自在。」

天哪，這種謙虛的程度實在太過分了，看來只有脫離這個團才能治好她了。

「她說她從小就這樣，只要人一多就會害羞，偏偏又被迫加入音樂班。她其實很喜歡演奏，但不喜歡演奏的時候被打分數，因此每次比賽都讓她很痛苦，高中的時候還因為什麼恐慌症狀，吃了一年多的藥。朋友一直都很少，不是不想交，而是不敢開口，久了就變成邊緣人。即使不上台表演，平常走在路上或在餐廳吃飯也會覺得不安，感覺大家都等著她出糗，她知道這種想法不太合理，但還是忍不住緊張。你說，一個會覺得全世界都在盯著自己看的人，到底是害羞還是自戀？」

我聳聳肩。

「肯定是自戀，從來沒看過這麼自戀的。」

別鬧了，每天早上刷牙照鏡子時肯定會看到。

「我覺得，她可能比較像社交畏懼症。」

社交畏懼症（Social Phobia），也叫做社交焦慮症，屬於一種焦慮疾病。主要是面對社交場合或與不熟悉的社群相處時，容易感到不自在，進而引發一些與緊張有關的生理症狀，例如：頭暈、腹痛，甚至恐慌。這種不自在，是因為擔心被看出來「自己正在緊張」，然後開始出現警戒與迴避的心態，導致人際關係不斷限縮。這可能是從小的人格傾向使然，譬如畏避型人格障礙（Avoidant Personality Disorder，C群人格障礙的一種），也可能是某次創傷造成的結果。

「自戀型人格跟社交畏懼症不太一樣，同樣覺得被別人關注，一個希望愈多愈好，一個希望能免則免。打個比方，自戀型人格覺得自己是個『磁鐵』，能夠主動吸引所有的目光，覺得別人都在嫉妒自己。社交畏懼症卻覺得自己是個『漏斗』，所有不好的評價都會流向自身，覺得別人都在批評自己。」

趁著修哥還在思考漏斗長什麼樣時，我接著說：「換句話說，他們最大的問題，在於過度在乎別人的『評價』。他們經常出現『別人會對我做出負面評價』這種想法，也就是『擔心被笑或被罵』，特別是面對權威或專家時。一旦按下這個按鈕，啟動的就是一連串災難。」

「那就是沒自信嘛，難怪我無法同理。」

這再度證明修哥是一具優良的研究活體。

「也可以這麼說，但他們的程度太過頭了，過頭到曲解了別人的意思。原本準備好的演講稿，原本背好的吉他指法，一旦到了面對陌生的群眾時，就會出現一種『他們可能覺得我不太行』的假設，而這樣的假設，會讓中性的目光變成一種嚴格的審視，於是原本準備好的內容一下子亂了套，然後開始犯第一個錯，如果無法冷靜下來，接二連三的錯誤就會像稱職的骨牌一樣，一路往下倒。等到觀眾開始發現場面變得尷尬時，他只能雙手一攤，認定一切都驗證了當初的假設，心想著：『就說吧，穩死的。』絕望地目睹骨牌全倒的盛況。

「整個過程，有兩樣東西擊垮他們：一、過度在意自己在別人眼中的樣子；二、錯誤判讀他人的身體語言。這兩件事，沒有一樣是他人主動挑起的。因此可以說，整起事件就是個烏龍，沒有人擊垮他們，他們是被自己的假設擊垮的，也就是俗稱的『自己嚇自己』，而這樣的烏龍常發生在他們的生活裡。」

「那妹子的狀況要怎麼處理？」

「很簡單，四個字？」

「說吧。」

「不用處理。」

修哥馬上浮現一種被削錢的表情，而且這表情一直維持到治療結束。

「真的假的？」其實這四個字他講了很多次，滿煩的，所以其他的被我刪掉了。

「我問你，她雖然整場背對大家，但有撐完全場嗎？」

「嗯……好像有耶。」

「彈得怎樣？」

「幾乎沒出包，應該是這一年多來最穩的一次。」

「那她需要治療什麼？」

「就……這樣很怪啊，哪有人這樣表演的。」

「如果這是她最舒服的狀態，又沒有妨礙其他人，也沒有造成任何困擾，就沒有改變的必要。『甜梅號』的貝斯手葉子不是也都背對觀眾演奏，還是你不知道這個團？」

「哪有，這團我很熟，主唱叫白白嘛。」

白白是哪個妹啊，明明就叫小白。

「一般而言，治療社交畏懼症，可以先從調整『假設』下手。讓他們知道，『就算出糗，也不會在別人心中停留太久，別人甚至不太在意，在意的只有我們自己。』

「另一個方法，就是進行行為治療。首先設定一個目標行為，以妹子為例，那就是『上台面對觀眾』，它是電動的最後一關，接著難度往下遞減，最簡單的一關設定為彩排。從『彩排』到『上台面對觀眾』，把中間的過程切分成四到五個關卡，譬如先在『沒人的場合登台』，再進階到『找熟悉的朋友當觀眾』，一關一關往上闖，每一關之間都要練習放鬆，直到最後一關為止，這就是所謂的漸進式暴露法（Graded Exposure Therapy）。如果訓練得當，大概八到十週就能見效，若能再配合一些適當的藥物治療，成效會更顯著。」

「這聽起來很威啊，還是我叫她來找你？」

「其實沒必要，」我搖搖頭，「如果工作性質是需要與人接觸或應對，或許才有介入的理由。我之前有個案主是個國中代課老師，轉正考試搞了五年，每次都被擋在口試這一關，就是敗在社交焦慮，但由於他的職業必須直接面對群眾，因此才找上我。然而樂手的職業屬性比較特殊，只要把音樂彈出來，即便不直接面對觀眾，也不影響她的職業功能，既然不影響，就不需要改變。」

「那我要怎麼幫她，才不會讓她一直崩潰？」

直接讓她脫離你們團吧。不行，這樣崩潰的就是修哥了。

「維持現狀。如果她找到了與焦慮共處的方式，就給她一點空間，讓她自在一些，表演才有品質。」在一個恍神的團體中，最清醒的人居然是最害羞的那個。

「那我可以怎麼安慰她？只要一句話，一句話就好，今天就一比零，算你贏。」

看著修哥見獵心喜的模樣，八成又想再借用我的台詞來二次創作，於是我想起曾經對那個代課老師說過的話：

「你可能會把每個人的目光，都當成射向自己的箭，但它們其實只是一場雨，它並沒有那麼強的殺傷力，而且還很公平，因為每個人都會被淋溼。」

三個星期後，修哥順利拿到暖場門票（前輩指明要妹子到場），還寄了一張給我。

那天晚上，沒人在意主唱極度扭曲的聲線，沒人在意那首叫〈社交就像一場雨〉的新歌（歌名真讓人慚愧），大家只注意到那個充滿律動的背影，彷彿在享受一場雨似的，在那一刻，她證明了一件事：

我們不一定要面向世界，才能展現自信。

網路霸凌

即便你在暗處，你還是朝他丟了石頭

一個正常人，何以從旁觀者變身施暴者？

白蟻真的很喜歡女生的內衣褲，不只拿來聞，還拿來穿。別誤會，他並不想變成女人；相反地，穿上內衣之後，好像就有一種女人直接住進身體，搖醒他性欲的感覺。白蟻平常不太擅長與人溝通，也沒交過女友，因此不可能光明正大地買套女性內衣回家，於是他選擇用偷的，不僅方便，而且內衣一旦沾染了人的氣息，有了肌膚之親，那套內衣就會活過來。

對一個異裝癖（Transvestic Disorder）來說，有什麼比「會呼吸的內衣」更值得收藏？

某個清晨，白蟻又順手偷了一套紅色內衣，但他並不知道，那會是他最後一次偷內衣。幾天後，他收到一張光碟，來源不明，是直接塞進信箱裡的。光碟裡有幾段用手機拍攝的影片，他第一次成為影片的主角，卻是以不太光彩的腳本登上舞台。白蟻拿出光碟後馬上關燈，躲在書桌旁，他不知道這是一種警告還是戲謔，於是他把那兩箱整理得井然有序的失竊內衣塞進垃圾袋，隔天一如往常地上班。

接下來的日子，白蟻過得非常不安。

他在工作的書店裡掃視著每一位客人，很希望自己的隱形眼鏡有某種辨識系統。他回到作案現場，循著拍攝角度尋找幕後黑手，但沒人跳出來自首。他只好在社群網站留言，暗諷那位正義魔人，而那段留言也徹底發揮作用，隔天，他又收到第二張光碟，於是白蟻崩潰了。

他直接把光碟掛在胸口，當成一面照妖鏡，不斷在作案現場徘徊，希望能靠它篩選出凶手，很可惜，這樣做只能篩選出認為他是神經病的人。多虧老天眷顧，後來被他找到兩名手持相片，形跡可疑的嫌犯，他二話不說便動手將那些相片悉數撕毀。只可惜他撕毀的是兩個無辜文青的攝影競賽資格，因而遭到一頓痛毆與辱罵，然而相較於被打，他更想向這個世界辯白：「我不是個變態！」

於是他不斷對空吼出這句話。

但周圍早就沒人了。

白蟻回到家，想起小時候在媽媽的房門口目睹的一切，那時媽媽正與自己的男友交歡，對於孩子的窺視渾然不覺。白蟻的震撼不是來自於官能的衝擊，而是瞬間確認了親情的叛離。原來在爸爸過世後，除了自己，還有人可以占有母親。自此，他在真實世界喪失了所有權，只有女性內衣能讓他奪回一些想像，然而這樣就是變態嗎？他想起自己雖然戀母，但並沒有害過任何人，想起大家都在假裝正常，想起無論再怎麼掩飾，自己終究被當成怪物——於是他拿起剪刀，一刀一刀，把自己剪成了鬼剃頭。

他不想被了解，但也不想被誤解。只是他還年輕，不明白這兩件事其實是一個連續的過程：人們對於不了解的人，往往都是以誤解收場。

白蟻覺得身上很多東西都在流失，乾涸的身體讓他變得很敏感。第二天上班時，他對每一件事都看不順眼，就像他最在意的書序彷彿被誰弄亂了。在結束與客人的爭執後，白蟻被老闆趕回家，心神不寧的他，過斑馬線時沒注意號誌，突然間就被撞死。

你在一旁看傻了，彷彿是整起車禍的目擊者，但你很清楚，自己其實是肇事者。

那天清晨，你蹲在前男友家門口，不想接受被分手的事實。百無聊賴之際，發現露台底下有個變態正在偷內衣，於是順手拍下來。

你無心念書，生活索然，寫著無關痛癢的報告，念著沒有未來的科系，情感的空窗，讓你只能隔牆偷聽室友交歡的聲音。直到有天，你再度在路上遇見那男人，於是你跟蹤他，一路跟到書店，從胸前名牌得知他的名字，再跟蹤他回家，最後在社群網站查出他其實是你學長。

乏善可陳的人生，自此露出曙光，走向一路明朗。

你不想把光碟交給警方，只想給這道貌岸然的變態一點教訓，因此決定跟他玩個小遊戲，或許是為了正義，更多時候是想填補情感的空虛。你不想花力氣去確認這個人的背景，你只需要確認這樣的行為是一種罪，這樣的動機，讓你忘了每個人其實都有自己的傷痛，都有自己的理由。

你看著那具屍體，根本沒想過這樣做會害死誰，你只是要為這個世界出一口氣。

即便你根本不認識他。

沒錯，認識一個人太花力氣，更何況還是個變態，定罪就輕鬆多了，如前面你所讀到的，這是電影《白蟻——慾望謎網》告訴我們的事。

而所謂的定罪，大抵上就是用劇烈的語言去重複宣示他的罪行，一句一句堆疊，透過正義的包裝與號召，演變成一種不落痕跡的暴力，問心無愧的霸凌。

一個正常人，何以從旁觀者變身施暴者？答案在一九七一年的加州。那裡有所大學叫史丹佛，裡頭有個長得很像演員李環的心理學教授，叫做金巴多（Philip Zimbardo），這傢伙進行了一次舉世聞名的「史丹佛監獄實驗」（Stanford Prison Experiment），聞名之處在於它混亂又失敗，但最後卻成功地產出了五個字：「路西法效應」（The Lucifer Effect）。

實驗是這樣搞的，老金想知道一個正常的好人，有沒有可能因為「體制」或「權威」的壓迫，讓他喪失判斷力，投入邪惡的施暴行列。於是他把史丹佛中心廣場的一部分改造成監獄，招募了二十四個心智正常的大學生，每個人看起來都是相信世界和平的嬉皮。接著把這群人隨機拆成兩組，一組當獄警，一組當囚犯，每天都只要蹲在假牢房就能爽領十五美元，然後大家一起開歡樂派對度過接下來的兩週。

怎麼可能。

囚犯組在第一天就被剝奪了一切，包括他們身上原本的衣服、一切能對外通訊的方式，以及他們的名字。他們發現老金是動真格的，自己的存在只是一組號碼。獄卒組成了匿名的矯正官，他們被賦予的任務很簡單：「盡量像個真正的獄警」，而這個指令，吹響了這場混仗的號角。

第一天，兩組人馬還能喇賽練肖話。第二天，獄警們開始覺得自己不太受到尊重，於是試著加強對囚犯組的規範。接下來幾天，他們開始對囚犯的各種生活細節挑剌，在不傷害對方的身體原則下，進行了一系列的懲處。因為在獄警眼中，人名一旦轉換成數字，對方的感受就變得不太重要了，更何況，他們還是被授權的。

想當然耳，囚犯組也不是吃素的，他們很清楚進來的目的，就是爽爽賺十五美金，而不是進來沒事被罰幾百下伏地挺身或徒手刷馬桶。於是一部分的人起身反抗，但他們愈是如此，愈讓獄警們投入這場實驗，因為獄警充分感覺到：「這真的是囚犯會有的反應耶。」

自此，兩組人馬開始往極端的方向靠攏，一方享受施虐，一方習得無助（Learned Helplessness，意指人在接連受挫後，對一切感到無能為力的狀態），在真實與模擬失去界線的同時，善惡開始變得分明。

但就在囚犯組陷入絕望之際，史丹佛李瓏突然終止了實驗，因為他被女友瘋狂巴頭後幡然醒悟，然後出了一本叫《路西法效應》的書，探討好人如何在一夕之間變壞人，善惡之間的界線，如何經由體制的壓力被抹煞。

由此可見，建立一場霸凌，只需要三個條件：

第一，「體制」的許可。一旦被制度授權，我們就能心安理得，因為一切都是奉命行事，執行者只是經辦人，經辦人只是通道。

第二，「偏見」。只要設定好所謂的「敵人形象」，建立制式的模板，就不用花時間去了解他的背景，箭靶不需要任何背景。

第三，「從眾」。經由群體的背書，保障了整個過程的正當性。

於是，當某條令人髮指的即時新聞跳進手機頁面時，出自心中的善，讓我們感到憤怒，當媒體幫大家設定好敵人的形象後，憤怒找到了出路。它讓我們不問因果，不做判斷，直接用文字或語言制裁對方。

人類自從發明了鍵盤，獵巫就變得簡單。在狩獵的過程中，我們並不覺得自己正在被風向帶著走，我們沒有試著推敲始末，釐清敵人的形象，因為這樣做實在太煞風景，太故作清高，不如把自己埋進群體，放下定見，順著風勢又是一波集體高潮。

荒謬的是，當熱潮退散，我們才會發現自己連敵人的來歷都不太清楚，就像被撞死的白蟻。

我們領著輿論的許可，踩在道德的制高點進行轟炸，整場定罪行動就像一組被預設好的流程，對象是誰根本不重要，重點是大家宣洩了生活的苦。

仔細回想，我們跟史丹佛監獄的獄警根本毫無二致，仰仗體制，以善之名，執行問心無愧的霸凌；只不過身處網路時代，多了一張匿名的保護傘，讓人得以隱身在暗處，然後朝有罪的人丟石頭。

只是到頭來，我們究竟實現了什麼？

如果沒有具體的答案，我們是否該考慮，什麼樣的決定，才能讓眼前的局面不再惡化。我們可以跟大家一起為情緒找個出口，也可以選擇不妄下評論，增加對幽微人性的理解。熱血不代表蠻橫，冷靜也不代表矯情，但不管決定為何，我們都必須為接下來的舉動負責，也逃避不了可能造成的波及。

我始終相信，當我們面對電腦螢幕，準備在頁面留下文字之際，一定還有其他選項等著我們。

伊朗導演阿斯哈·法哈蒂曾說過一句話：

現代社會的悲劇，是一場善與善的戰爭，無論哪一方獲勝，結局都讓人心碎。

◇◇◇◇◇◇

＊伊朗導演阿斯哈·法哈蒂（Asghar Farhadi），作品《分居風暴》、《新居風暴》皆獲頒奧斯卡金像獎的「最佳外語片」。

◇◇◇◇◇◇

年節症候群

逢年過節必備：長輩問候生存指南

這份指南的存在目的，不是教你如何避免面對長輩，而是讓你成為一個更酷的長輩。

序言

親愛的，當你打開這份指南時，只代表一件事：那就是年節或連假又要到了，時間已經不多了，因此接下來你得專心應付接踵而來，花招百出的長輩問候攻勢——在那一刻，你會由衷敬佩人類到了一定的年紀，就會把僅有的創意用在開發這些問候上面。

相信對你而言，這情況就像週期性的世界末日，因此關於長輩們的問候攻勢，我們特別準備了一份「生存指南」供你參考。你可以選擇精讀，通徹了解長輩問候的運作歷程，若訊息量超過大腦負荷，也可以先翻到最後一節「存活策略」（第八十二頁）；事態緊急者請直接研讀「必備句型」圖卡（第八十四頁）。

衷心期盼，逢年過節，你都能戰戰兢兢出門，平平安安返家。

適用對象

人類。

使用年齡

收到第一份成績單時，賦予使用資格。

在第一個孫子出生後，解除使用資格。

使用期限

無，直到人類滅絕。

什麼是長輩

關於長輩的定義，根據法國心理學家Dr. Absurdité在一九八六年所撰寫的經典巨作《長輩心理學》（*Older People Psychology*）第二章第一節提到：「長輩就像感冒與麻疹一樣，想要免疫無疑是天方夜譚。」意思並不是說長輩這種生物是病毒，而是每個人都會輪到這個身分，屬性公平，無人得以倖免，除非天妒英才，或是你願意自我處決解救後輩（別傻了，你的後輩還是會變成長輩）。

它就像體內被設定好的一組變異染色體，潛伏期長達六十年，時間一到，症狀自然發作，同理心機能會逐漸受到侵蝕，訓話腺體日漸腫大，幾週後便會蛻變成完整的「長輩體」。（特此註記：此段論述出處實已佚亡，心理學家Dr. Absurdité與其著作則皆為作者虛構。）

長輩症狀

一、生活空虛

有些人到了被稱為長輩的年紀，會歷經所謂的空巢期（Empty Nest Syndrome）。那時子女已陸續離家，生活重心突然消失，唯一的作用遭到回收，就像身經百戰的老兵被告知戰爭結束時，留在身上的就只有回憶與空虛。

最糟糕的是，他們「沒有培養任何生活興趣」，不會跟你聊電影音樂時事旅遊經驗，他們的資料庫沒有這些東西；也因為這樣，才導致見面時無話可說，只能把話題鎖定在家務事。

但他們並不是故意的，照顧小孩，花了他們一輩子的時間，剝奪了許多發展興趣的機會。以前的社會，並沒有教他們培養興趣，一切都是「任務」，現階段任務結束後，迎接他們的不是掌聲，而是一條空蕩的通道。

二、下指導棋

有些人到了被稱為長輩的年紀，會到達事業的頂峰，然後把五十歲之前的人生講得很顛沛流離，完全沒有把農民曆的警告放在眼裡。

這些人炫耀的不只是當前的功績，更多的是過往的敗績。因此，他們在交談時往往不去理會對話的脈絡，而是任性地指著你說：「你這樣不對啦！」或是「我看你們這些都是草莓族」之類的乾話，接著就是一長串耳提面命，姿態高冷，霸氣側漏，彷彿只要走進人生的岔路，他就會衝出來吹哨子把你趕到另一條路。

這類反駁乍聽之下很刺耳，缺乏同理心，其實背後都是社會的荊棘與時代的眼淚，內裡則是長輩的溫柔。

但要注意，這個症狀的恐怖之處，在於我們年輕時都會告誡自己：「以後千萬不要變成這種愛說教的大人。」等到三十年後我們轉老人，眼前的年輕人會看著我們，然後立下一樣的誓言。

三、渴望掌聲

講白一點，就是「愛比較」。

有些長輩的自信心比較不足，從年輕就是「負二代」，一路苦上來，好不容易熬出頭開了間工廠，掛上董座的頭銜，每年終於可以出國兩次，一次去亞洲，一次去歐美，然後回國後跟大家說「這也沒什麼啊」（台語），下次要去摩洛哥之類的，然後他們的孩子都在國外留學。

以上這些，都是他胼手胝足掙來的，辛苦一輩子，不太能接受次人一等，因此只要一開口，對談就會變成拍賣會的競價，他永遠要比你更高價。「比較」已經變成他的生活態度，不只針對晚輩，對待平輩亦復如是。

其實他們真正需要的，不是那些護照戳章或是孩子的入學證明，而是他人的肯定，這是某種防衛機制的變形，目的是保護脆弱的自尊。

四、記憶退化

有些長輩，每年見面都會不厭其煩地問同樣的問題，瞄準對方的痛處往死裡問，甚至一天照三餐問，於是某些精神比較脆弱的孩子，會開始出現類似被鞭屍的感受。

有些人是沒哏找話聊，有人則是真的記憶出現了退化，而不是覺得這樣玩你很過癮。如果對方超過六十五歲，連續三年都出現這種症狀，不妨找個機會幫他測試一下，只要把你做過的三種職業，或最討厭的三個主管名字跟他說，過十分鐘之後再考他，答錯兩個以上，就可以原諒他了。

戰力等級

一、良性

真正暖心的長輩。因為太熟，這類長輩反而常被當成路人，其實他對你的背景有一定程度的了解，通常不會廢話，而是直接端出解決問題的方法，雖然有時會弄得好像一頭熱，卻是發自內心關懷，基本上只要認真回應他們就好。

二、中性

害怕尷尬的長輩。這些長輩占比最多，大概接近八成，他們的問號就像從壞掉的水龍頭源源不絕地漏出來，一來一往沒有空隙。事實上，這樣過招的目的只是要填滿對話之間的空白，因為他們都有嚴重的「空白焦慮」。他們可能根本不在意你的回答，也沒想過刁難你，但正是因為不熟，才希望場面不要冷場，如果你回答得太快或是沉默以對，往往只會激發他們的靈感。

三、惡性

積怨已久的長輩。這可能源自於上一代的恩怨，也可能是因為他的孩子不太成材，又或者自身性格上的缺陷，反正這世上就是會有看你不順眼的親戚，而他們的問候又往往不留情面地直擊要害。總之，遇到這種長輩，請做好修練身心的心理準備，擬好對策，請家人相互照應。最重要的一點，請認清這種長輩其實只是少數族群，除非你是家族裡的敗家子，長輩百百款，不需要把所有人都黑掉。

問候類型（可參閱左頁的路徑圖）

基本上不脫以下四種類型，它們彼此纏繞交錯，連成一個沒有盡頭與曙光的莫比烏斯環，箭頭後端只有兩個方向：「連結到其他類別」或是「接受教誨」。

一、**課業**

都考第幾名啊？↓現在補哪幾科？↓讀哪間高中？↓大學研究所國考高普考考得怎樣？↓考得好，那有對象了嗎？（連到感情類）↓**考得不好，接受教誨**。

二、**感情**

●有對象了嗎？↓（**有**）對方在做什麼？（連到對方事業類）↓什麼時候結婚？↓租房還是買房？↓買房子（連到家庭類）↓**租房子，接受教誨**。

●有對象了嗎？↓（**無**）阿姨幫你找好嗎？↓喜歡什麼樣的？↓先跟阿姨說說你的人生規劃好嗎？↓**沒有人生規劃或戀愛意願，接受教誨**。

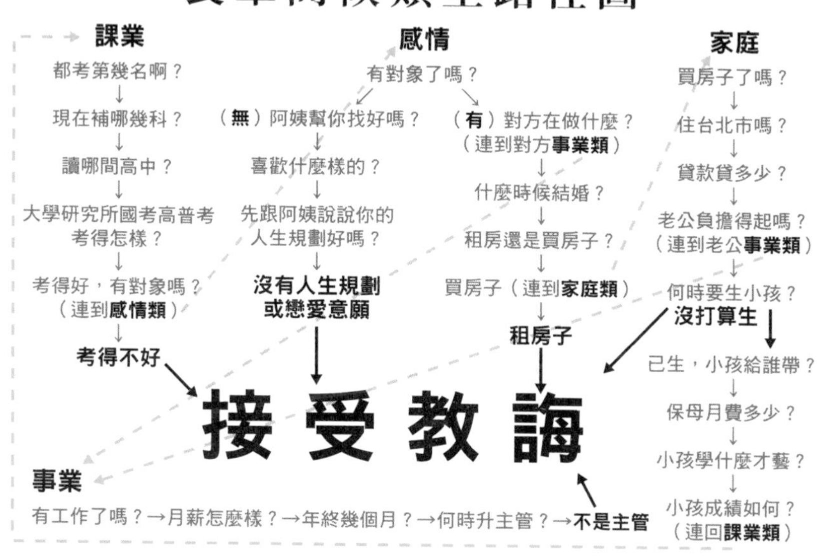

三、**事業**

有工作了嗎？↓月薪怎麼樣？↓年終幾個月？↓何時升主管？↓**不是主管，接受教誨。**

四、家庭

● 買房子了嗎？↓住台北市嗎？↓貸款貸多少？↓老公負擔得起嗎？（連到老公事業類）↓何時生小孩（包括二三四胎）？↓**沒打算生，接受教誨。**

● 買房子了嗎？↓住台北市嗎？↓貸款貸多少？↓老公負擔得起嗎？（連到老公事業類）↓何時生小孩（包括二三四胎）？↓**已生**↓小孩給誰帶？↓保母月費多少？↓小孩學什麼才藝？↓小孩成績如何？（連回課業類）

存活策略

一、預先規劃（適用所有長輩）

想活命，請先拿出紙筆，以這段假期為區間，規劃出一份「行事曆」。將可能會碰頭的長輩們填入各個時段，並區分為良、中、惡三種戰力等級（或在名字旁邊標明符號），以及他們的問候類型。

這樣做，一來能先「預習」各種關卡與策略，二來增加安心感，當恐懼化為實際的數字時，你會發現真正棘手的也只有那幾個人。長輩們不會像千軍萬馬的活屍大舉襲來，很多時候都是自己高估了對方的戰力，一旦能摸透對方的底，你的信心就會再多一些。

二、保持冷靜（適用所有長輩）

在第一個長輩出現之前，周遭景物的流動會開始變慢，接著長輩一號穿著星星形狀的拳擊褲，在掌聲的簇擁下，緩緩從右方的台角上場。這時候，這篇指南就是你身後那位穿著汗衫的教練，負責幫你按摩，捏捏你的嘴，提醒你保持冷靜，回想一下我們學過的存活策略。

記住，「長輩也是人」。他的問候不一定帶有惡意，很多時候他可能比你更焦慮，行程比你更滿，甚至得事先花一整天的時間想問題，只為了維持長輩的形象；他們之所以看不出情緒的湧現，純粹是年紀大，皮膚比較鬆垮的關係。只要你能做個深呼吸，冷靜以對，時間自然會過去，長輩不會一輩子住你家，很多時候都只是三、五分鐘的偵訊，流程走完就解脫了。

三、認真回應（適用良性、惡性長輩）

面對良性長輩，請放下心中的壓力，因為這跟連珠砲的問句類型不一樣，只需要回答單純的問題，誠心接受建議就好。不需要角力的對談是最輕鬆的。

面對惡性長輩，讓我們直球對決。他要的很簡單，無非就是找機會酸你，訓訓話，甚至煽動你的情緒，這時請做到不卑不亢，也就是說，「照實回答問題」。沒對象就沒對象，薪水低就薪水低，那又怎樣，讓他知道，你之所以很認真在回答他的問題，是因為把他視為長輩，但不管現況好壞，這都是你自己的人生，而他只是一個不太討喜的臨演。正經八百地回應，多半會讓對方覺得自討沒趣，既無法抓住你的小辮子，當眾揶揄似乎又有失長輩風範，幾分鐘內就會結束對話。這樣做，既能顧全父母的面子，又不失掉自己的裡子。

四、必備句型（適用中性、惡性長輩）

網路上有一拖拉庫聽了自爽但實用性有待商榷的句型，在此提供較中肯的版本：

1. **「跟之前差不多吧。」**：百搭句型首選。不僅能從容應付各種類型，即便放在每

長輩問候必備句型

「跟之前差不多吧。」

百搭句型首選，拿來應付每個問句都毫無違和。

「我可能還要再努力一下吧。」
「沒辦法，我條件不夠好。」

示弱句型，一旦願意使用哀兵政策，通常都能在極短時間內結束對話。

「是是是，我會參考。」

面對「指導型」長輩的必備句型，雖然無法立即結束對話，但至少不用花心思回應。

「說得有道理耶。」
「這麼厲害喔。」

面對「愛比較型」、「渴望掌聲」長輩的必備句型，接話專用首選，目的是賭對方會因為害羞而稍加收斂，使用時記得要沉住氣，不能吐在現場。

「很難說耶，要看公司／大環境／緣分／其他人決定。」

厭世句型，適用於不討喜的長輩，製造一種無可奈何的氛圍，只要能做到同一句不斷跳針，就能徹底截斷對話退路。

個問號後面都毫無違和。

2.「我可能還要再努力一下吧。」「沒辦法，我條件不夠好。」等等：示弱句型。一旦願意放下身段使用哀兵政策，通常都能在極短時間內結束對話，甚至換得心靈雞湯一碗，爭取同情分。

3.「是是是，我會參考。」：面對「指導型」長輩的必備句型。而且一定要注視對方雙眼，每隔幾秒點一次頭，雖然無法立即結束對話，但至少不用花心思回應。

4.「說得有道理耶。」「表哥這麼厲害喔。」等等：面對「愛比較型」長輩的必備句型。既然對方喜歡競價，那就讓他得標，不斷地「褒」他，最好「褒」到他雙腳離地，你就當作在放風箏，賭的就是對方會因為害羞而稍加收斂（當然也有例外）。此類句型一出，印象分數保證加到破表，但前提是要沉住氣，不能吐。

5.「很難說耶，要看公司／大環境／緣分／其他人決定。」：厭世句型。直接把問題推給其他因素，製造一種聽天由命無可奈何的軟性氣場。只要能做到同一句不斷跳針，就能徹底截斷對話退路，若不想直球對決惡性長輩，這種句型也是解法之一。

五、反客為主（適用中性長輩）

不想自曝隱私時，別緊張，因為當你成為被問候的那一方，就等於掌握了套索，只要順著自己的答案，就能巧妙地把繩索套回長輩身上。

譬如課業感情類，先用百搭句型回應後，再順勢以「關心」的姿態，將話題轉回對方的子女身上（「我就跟之前差不多吧。那表哥的工作還好嗎？」）。如果對方沒有子嗣，那就出賣其他的表兄弟或自己的老弟吧。

若是事業或家庭類，就把話題轉回長輩年輕的豐功偉業，以「討教」的姿態展開話題（「我們就沒有加班費啊。那二伯你們以前會延長工時嗎？」）。這尤其適合渴求掌聲的長輩，這樣做不但能延續對話，也能避免一直自我揭露造成尷尬。但若對方不是你想交換生命經驗的對象，就跳過這招吧。

六、藉故逃脫（適用惡性長輩）

我承認這是很中二的奧步，連我自己用起來都覺得窩囊，而且逃得了一時逃不了一世，但不想交談也沒關係，畢竟硬聊是人體內傷的主因。

1. 裝病：戴口罩，缺點是必須全程戴好戴滿，一往下拉就破功。

2. 手機設定鬧鐘／請弟弟打給你：時間一到，就推說：「不好意思，先去回個訊息，等下就回來。」（最後這五個字一定要說，除了給對方台階，也讓對方知道你還是重視對話。）

3. 找家人救援：事先跟媽媽說好，時間一到就拉你去做事，雖然大家都知道你們只是在瞎忙。

4.拚命出公差：不要放過任何可以離開這個場合的方法，不斷買飲料、甜點、金紙，就算一直待在廚房也沒關係；但別忘記廚房也是有長輩的，而且戰力更強。

七、轉念心法（適用所有長輩）

這是強化心理素質最重要的方法，請記住以下幾件事：

1.面對長輩，不是什麼一生一次的對決，充其量就是幾分鐘的交流。

2.這些問候，其實也會在一般場合出現，不需要將之妖魔化。

3.不是他們想跟你聊隱私，而是他們沒有其他話題，畢竟你們真的不熟。

4.不是所有的長輩都是活屍，你要應付的也許就只有那麼一、兩個。

5.大部分的時候，他們比你更焦慮，他們平常活得好好的，難得放個假，卻必須面對一群死屁孩，而且對方還用很拙劣的方式敷衍自己。

6.長輩雖然難纏，但他們的孩子可能也正遭受我們父母的荼毒，就當贖罪吧。

最後，這份指南的存在目的，不是教你如何避免面對長輩，而是讓你成為一個更酷的長輩。

我們只有一顆心，只要它能被善待，
是被一個人全心照顧，
或是被一群人輪流照顧，
又有什麼分別？

人際關係的酬賞

交朋友這檔事，很講條件的

真正懂你的，一個都不嫌少。

「我真的沒朋友。」

一般人大概很難相信這句話出現在會談室的頻率有多高，大家根本是前仆後繼地跑來跟我抱怨自己沒朋友，沒朋友似乎成了一種傳染病，於是人民正在輪流失去彼此，國家正在失去邦交。我從來不知道在台灣交朋友的門檻這麼高，照這樣下去，這句話總有一天會被外國海關拿來辨識國籍（「你有朋友嗎？沒有，好，台灣來的，下一位！」）。

沒錯，交朋友世界難，五月也是這麼想的。

五月是個長髮輕熟女，雙子座，二十九歲，公館大學法文系畢業，三年前從法國留學返台，目前在東區某貿易公司擔任業務助理，專責法國保養品進口業務。

由於她英、法語雙聲道，天生九頭身優勢，又是整棟樓最懂穿搭的女性，因此常被業務叫去現場救火。只要她一坐上談判桌，即便只是協助翻譯，通常不用等業務提續約條件，對方就會開始想像自家商品擺在她臉上的樣子，所以在十幾位業助中，她是晉薪最快的一位，「職場勝利組」無庸置疑。

但劇本沒有這樣往下寫。

五月是在一年多前找上我的，那時正逢她第二次加薪，然而，這件事卻沒有幫她的心情加值多少。

對於「交朋友」這件事，她從小就比較被動，但勝在外在條件優越，成績也沒掉出前三名，總是安靜傾聽，察言觀色，即便心有定見也不明說，就怕給人自大的印象，因此這種毫無殺傷力的學霸形象光環，讓朋友不斷地自動送上門。不過沒什麼人知道，五月其實不喜歡這種感覺，因為這代表在人際關係中——

她是被選擇的一方。

升上大學後，由於志趣相投，五月和室友以及其他兩位同學，成了法文系最會穿搭的四人組，那是她有生以來，第一次被拼進正確的拼圖。當其他三人都成了線上雜誌的外拍小模時，五月擔任的是造型顧問，這是她感到最舒適的位置。她的美學成為指標，意見成為決策，再也不用擔心發言會給人自大的印象，這種合拍的感覺讓她害怕畢業。

果不其然，畢業後，一人準備遠嫁魁北克，一個轉往東京念設計，一個回南投搞文創。頓失重心的五月，在教授建議下到巴黎念哲學研究所，目的是往中研院卡位。那時的她毫無頭緒，不敢預期人生還會再出現幸運的四年，但也不想立刻投入職場，只好避走法國。

可惜只要是人類存在的場合，就繞不開社交，即便千里跋涉也殊途同歸。在法國，五月參加晚宴的時間比待研究室的時間還多，由「人情」架構的學術圈，學術倒成了其次，這讓她又退回了那個安靜的五月。但鑑於大學的美好回憶，這次她不想待在喧囂的聚會裡虛度時日，於是決定把時間還給論文。那段時間，除了偶爾上線向三位漸行漸遠的閨密吐苦水，她唯一的朋友是個同志學長，學長習慣用毒舌替代關懷，因此從來不叫她的法文名字，而是叫她「巴達米」（pas d'amis），意思是「沒朋友」。

拜學長所賜，除了「崩啾」（bonjour，早啊）之外，我又多學了一個法文詞彙，而且這兩個還可以組成一句超酷的問候語：「崩啾，巴達米！」現在你可以把這句話教給任何一位你希望他在法國街頭被抽打的朋友。

後來家裡的經濟出了狀況，論文結束前半年，五月飛回台灣，在圖書館查文獻時認識了現任男友。

男友從事金融業，小她三歲，個頭不高，看起來就是那種很擔心女友被搶走的小哥。小哥是個貼心的人，不只體現在行動上，而是完全尊重她的興趣。他支持五月註冊ＩＧ帳號，鼓勵她分享穿搭，連美照都由他操刀，最難得的一點，是她絲毫沒有感受到對方的勉為其難。男友是真心陪她一起投入這項興趣，只差沒下海試穿連身裙，這舉動讓五月感到安心，卻也羨慕。

要能不「勉為其難」，何其困難。

論文完成後，迫於經濟壓力，她等不及到中研院面試，便在姑姑引薦下進入熟人開設的貿易公司。五月雖然安靜，辦事卻眼明手快，前兩週就摸熟了行政流程，畢竟她最擅長的就是記憶，因此麻煩的並不是這件事。

公司有十多位業助，分屬三個小團體，礙於地緣，她不幸遭四名大嬸夾殺，被納進了大嬸團麾下。大嬸們每天午休都會去吃燴飯或定食，交流辦公室情蒐結果，然後逛街看名品洋裝，順便罵罵自己沒用的老公。五月能做的，就是窮盡全身的力氣，在附和讚賞那些奇怪花紋的洋裝時，盡量不讓自己虛脫。派系之間的鬥爭讓她覺得厭煩，有時她只想一個人安安靜靜地吃頓飯，但又不想讓自己看起來很可憐，於是說服自己，至少五人合體的畫面看起來比較有歸屬感。

她唯一的樂趣就是追蹤韓國街模Irene Kim的ＩＧ，這是她的靈感來源，日子一久，她的ＩＧ也開始有人追蹤，但不包括她妹。妹妹是現實生活中，少數能和她的美學直覺匹配的人，偏偏兩人八字不合。妹妹總覺得五月的面癱體質根本不適合入鏡，如果哪天她的ＩＧ追蹤人數開始往下掉，一定是粉絲終於認清這個事實，還勸她找個不怕鏡頭的小模，最後把上述結論打成文字放進留言裡。因此她只要一看到妹妹的留言便自動跳過，漸漸地，就連那些粉絲的留言也一併跳過了。

為了早日脫離大嬸團，一年多前，她和男友考進了母校的ＥＭＢＡ，文科出身的她，商學底蘊不足，有時只好拿午休時間來補強學業。就連平日晚上，她都還參加了兩個讀書會，裡頭全是一派正經的金融人，每個傢伙都巴望著兩年內拿到畢業證書當跳槽籌碼。他們身上沒有時尚基因，連「時尚」這個詞的英文都拼不出來，大家覺得那是膚淺的話題。

而四人幫在其他三人陸續當媽之後，照樣聊時尚，但聊的是童裝與掃地機器人，在意的是母乳與副食品，沒有人關心她的ＩＧ與事業，一次都沒提。

那時的五月，事業、學業兩頭燒，突如其來的晉薪反倒惹來大嬸團眼紅，這下連唯一讓她有歸屬感的團體，也開始疏遠她。

那是五月第一次了解人為何想自殺，不是想死，而是不知道該怎麼活，於是她在男友的鼓勵下，前來就診。

這一年多來，人際議題一直是五月的諮商熱區，那種「不知是否該勉強自己加入團體」的感覺，始終困擾著她。

而這一回，她跟四人幫起了爭執——嚴格來說，是她單方面受到攻擊。

「我只不過說現在不想結婚，結果就被圍剿得體無完膚。這真的很奇怪，我從以前就很尊重每個人的意見，更不會隨便反駁，但為什麼大家可以脫口責難我，還一副理所當然的樣子。」

五月那天穿著一件從日本買回來的短袖合身洋裝，芥黃襯底，黑白條紋相間，套上麻邊白鞋，掛著墨綠耳環，整體搭配非常完美，除了那張漲紅的臉。

「三個人一開口就是育兒經，我也只能嗯哼，但我真的不覺得現在的我有那麼需要當媽，也不認為女人一定要當媽。結果不行耶，說我不會想，還說結婚就要趁現在，再晚就要掉身價了。但我現在只想專心衝事業和學業，順便把ＩＧ做起來。我之前常翻譯《L'OFFICIEL》的短文，那是一本法文時尚雜誌，結果有個廠商因此相中我，要我接服裝業配，男友也鼓勵我當個斜槓業助。但讓我心煩的是，我根本不上相，也找不到人當我的小模。而這些事，我的姊妹全都不在乎。」

「你當初幹麼不去雜誌社工作？」

「這是我唯一有熱情的事，我不想讓它變得討厭。」

也對。

「我真的沒朋友。平時一個人吃午餐就算了，連姊妹都圍攻我。平日就是不斷工作，假日就是不斷讀書聽課交報告，ＩＧ那麼多人追蹤，卻找不到一個人陪我逛街，連姊妹都只會吐槽我，他們絕對想不到螢幕另一邊的我竟然活成這樣。」

她突然泛起淚光，認真地看著我。

「我覺得自己超慘的，我唯一的朋友居然是我男朋友。」

「你很幸運。」

「怎麼說？」

「我有個學姊，她唯一的朋友是別人的男朋友。」

好險她笑了。我始終無法相信，擁有這種笑容的女人居然沒朋友，我比較相信那些原本應該要成為她朋友的男性，全都被她男友給埋了。

「我現在一看到空白表單，就浮現出被嘲笑的感覺，那就是我的人際清單，沒有任何名字在上面的清單。如果誰能開發什麼人際地圖之類的App，輸入條件後就有紅點會自動跑出來的那種，我一定搶頭香！」

有道理，這鐵定比當娃娃機台主還有賺頭。

「反正我只想找到新朋友，一、兩個都好，你覺得有辦法開發嗎？」

「軟體不是我的專長，但我可以提供其他的做法。其實交朋友這件事，對社會心理學家而言是個非常科學的過程，它談的是人際吸引。其中有個學者叫艾略特（Elliot Aronson），艾兄很喜歡研究人際吸引的議題，還提出了一個『酬賞理論』（Reward Theory of Attraction），意思是只要能『讓對方以最少的代價獲得最大的酬賞』，就能拿下這段友誼。酬賞物包括物質、讚美、知識或關心等。講白了，就是站在『你能端出什麼菜來滿足對方』的角度，來詮釋人際關係的運作。

「可惜事情沒那麼順利，並不是說你給了酬賞就會奏效，因為對方可能根本不缺酬賞，也可能因為距離太遠送不到他手上，又或者雙方酬賞物的屬性重疊。

「總之，即便你有辦法給出酬賞，也要符合下列四項條件中的其中一項才行。」

我拿出白板，用黑筆把板面切割成四個象限，依序寫下這些人際吸引的條件：

相近度（Proximity）：宿舍	相似度（Similarity）：社團
互補需求（Complementary Needs）：分組報告	外表吸引（Physical Attractiveness）：顏值

「為了便於說明，我會以學校經驗為例。首先，相近度指的是『距離遠近』，這是一種很基本的物理條件，也就是說，想交朋友，建議從周邊的群體下手。因為即便你有一堆酬賞物，人生沒有交集也是白搭。舉例來說，同樣都能給出酬賞，同修一門課或同住一間宿舍的群體就比較容易成為朋友，因此很多大學生的第一批朋友就是從室友開始，然後這群人就會步上每天只想打麻將、玩電動的不歸路。

「相似度和前一個條件相反，它比較接近一種精神條件，也就是『價值觀的交集』，譬如社團或讀書會。一群人因為共同興趣或目標而串聯在一起，給予彼此對應的酬賞，大多是知識與情緒支持。因此，周圍若沒有適合人選，你就得找到一群志同道合的傢伙，至於缺乏人生興趣的傢伙，這條路就算是斷了。

「互補需求，強調的是『個人強項能否契合對方的需求』，譬如分組報告。有人擅長整頓資訊，有人寧願打字，有人享受上台，有人習慣神隱。所謂『神隊友』，指的就是個人強項恰好能順應團體需求。因此想交朋友，不是拓寬自己的守備範圍，就是要找到能互補的對象。互補需求的原則，多半適合用在男女關係，也就是說，當你的酬賞物能在一個群體或一段關係中擁有**『不可取代性』**時，你就拿下它了。

「最後一項，也是最顯而易見的條件，『顏值』。顏值本身就是一種社交資產，顏值高的人通常能在第一時間吸引異性，尤其是新生，接下來三個月保證衣食無虞，室友也會雞犬升天，跟著受惠。顏值除了吸引異性，也會吸引一群水準不相上下的群體，就像你們四人幫，但顏值的效期比較短，通常會被『性格』這個因素所影響。」

「所以，如果我想交到新朋友，可以從這四個條件進行開發囉。」

不知是不是業助當久了，她真的很喜歡用「開發」這個詞。

「是的，理論上是如此，畢竟我們的朋友來源通常不脫以上四點。」

「好，來吧，我需要你幫我開發一下！」

五月並不知道，這句話對世界上所有的大叔而言，是很考驗定性的，以往會說出這種台詞的女生，下個動作就是開始咬手指了。但我現在完全沒有胡思亂想的空間，因為她擺出認真的姿態，拿出從韓國買回來的筆記本，戰戰兢兢地振筆疾書。

於是我二話不說，拿著黑筆朝向白板，把四個條件全部劃掉。

「啊咧？」在驚慌中，五月冒了一句日文。

「不用開發，因為你全都開發完了。」

「開發完了？」

「首先，辦公室大嬸團是離你最近的群體，那四人就是你的『相近度夥伴』，但你沒辦法認真對待那些八卦，也無法跟她們一起看不時尚的衣服，你能給的酬賞是情緒支持與陪伴，但你們的價值觀沒有任何交集。所以，你努力過了。

「讀書會成員，則是你的『相似度夥伴』，但那些傢伙腦中只有畢業證書，而你也不是真心擁抱那些商用術語，你們的交集就是期末分數。至於你的姊妹們，已經全然拋棄跟時尚有關的話題，成為時代的眼淚。所以，你努力過了。

「你的顏值，咳……」我乾咳了幾聲，設法讓接下來的話聽起來不像騷擾，「你長得很……反正你很清楚自己的斤兩，加上你已有家室，不需要靠這項來吸引人際。

「至於最後一項互補需求，目前為止，只有一個人符合互補條件，那就是你男友。」

五月看著白板上被打叉的四個象限，她的座標沒能出現在新的行星上，於是有點崩潰。

「所以今天的會談，只是用來確認我的人際關係沒救了嗎？天哪，真是地獄！」

「你知道什麼是真正的地獄嗎？」

她搖搖頭。

「降落在錯誤的行星上。」

我把白板移走，繼續說：

「我們想像一下，你不想一個人吃飯，於是決定與大嬸團和解，再度陪她們走進店裡，看她們輪流穿上會讓你的審美機能完全癱瘓的洋裝，而你只能事先吃鎮定劑。最驚悚的是，如果五件洋裝打七折，就差你一個的時候，那件極品會住進你的衣櫃，直接讓你的衣櫃中毒，我敢保證那才是讓ＩＧ追蹤瞬間掉五百人的原因。為了維持你的讀書會友誼，你得裝出一副對媒體企業演進史超有感的模樣，而他們只希望你不要扯後腿。下次跟姊妹們抬槓，你說結婚似乎也可以納入選項時，她們就會說『是不是是不是……』，然後給你一堆拍婚紗、選月子中心的建議，你的ＩＧ事業從此被埋進對話底層。最後在某個星期天上午，你在妹妹的房門前深呼吸，然後敲了敲門，親口承認自己面癱，為的只是能讓她陪你一起挑衣服。現在你告訴我，這樣的日子，你覺得像什麼？」

「地獄。」

「其實，交朋友除了上述那四個條件之外，還有一個最重要的條件。那是我認為最重要，而教科書也不會告訴你的條件。」

「什麼條件？」

「不勉強。」

她露出一種似乎可以領會，但又不太確定的表情。

「所謂人際關係，是由場域跟人心縫合起來的，也就是說，即便擁有了物理條件，相關人員也都到位，但重要的是你的意願，你才是整個連結的中心。要是連你都不敢想像這段關係的前景，就算端出上好的素材，你也打不出好牌。」

「勉強，就是把不情願表現得迂迴一些，把裂痕維持在可以容忍的範圍。生活中，我們都會勉強維持某些關係，因為它關乎你能否餬口，但若與這無關，純粹是你自己渴望得到的關係，無論是友情或愛情，甚至親情，那就別委屈了。

「記住，『勉強沒幸福』，這五個字適用於任何一段人際關係。因此目前的你，狀態才是最好的。」

「怎麼說？」

「因為你選擇不勉強自己，才得以脫離地獄。」

「但就算脫離地獄，卻來到荒原，這樣有比較好嗎？只是更寂寞而已。」

「沒錯，站在統計學的角度，只有一個人能聽你講心事，確實有點寂寞。但比這個更寂寞的，是你明明身處在一群人當中，卻沒人在意你在意的事，那種對比才真的讓人痛苦，那就跟一個想錢想瘋了的傢伙，跑去當運鈔車保全一樣痛苦。」

我知道接下來的話，會陷入超不帥氣的大叔說教模式，但我還是決定說出來。

「真正懂你的，一個都不嫌少，畢竟我們也只有一顆心，只要它能被善待，是被一個人全心照顧，或是被一群人輪流照顧，又有什麼分別？」

這回，她露出心領神會的表情，或許她一直都知道答案，只是要找個專家背書而已。

五月臨走前，我突然想起一件重要的事，於是叫住她。

「對了，你似乎很少看ＩＧ留言，也幾乎不回應粉絲，是因為妹妹的陰影？」

「你怎麼知道？其實是因為我妹說的是事實，面癱的人哪有資格回應粉絲。」

「其實我都有關注你的ＩＧ，面癱也是一種風格，山下智久不也活得好好的？」

她害羞地吐吐舌頭。

「看看這三個月的留言吧，我記得有個戴琥珀鏡框的妹仔很死忠，她一直問你是否需要小模。願意的話就聊一聊，你想開發『相似度夥伴』？這是最好的時機了，你也能走回幕後下指導棋，四人幫雖成歷史，但我相信兩人組也很有看頭。」

五月點點頭，露出不曾出現在鏡頭上的微笑。

至於那位死忠粉絲是誰？那是一個月前的事了……

孤僻型人格

學會獨處，才是自在的極致表現

當你感到孤獨的時候，不要忘記，你還能跟自己相處。

「我真的沒朋友。」

這句話，小馬比五月還要早一個月說出來。

換作別人，這幾個字可能只是一串無病呻吟，但若從小馬嘴裡跑出來，那就是動真格的，她的人生一定正在流失一些東西。

小馬是外科加護病房的護理師，二十五歲，總是戴著琥珀色鏡框的眼鏡，紮個小馬尾，代稱由此而來。倘若把眼鏡摘掉，馬尾放掉，即便素顏也是正妹一枚，但會是那種生人勿近，讓阿宅自動退散的冷顏正妹。

小馬之所以找上我，與我的個人能力無關，純粹是對故鄉的身心科沒信心，而我們醫院又離她前一個工作地點夠遠，不用擔心遭前同事指認，反正宿舍還沒退掉，因此她寧願舟車勞頓地北上赴診。

一直到念護專之前，小馬的成績並不突出，突出的只有個性，那是她爸媽最想拔掉的刺，因為總是把世界戳得坑坑疤疤的。她從小就不喜歡被勉強，她不想去補習，不想一邊拉小提琴，一邊還要裝得很陶醉的樣子，不想跟討厭的二舅打招呼，不想穿姊姊穿過的衣服。然而在那樣的年紀，注定要被勉強做很多事情，因為那是世界訓練一個人的方式，但她不喜歡這樣的訓練，因此總是板著一張臉，當作一種證據，這世界正在勉強她的證據。

不想被勉強，導致小馬的成績非常固定，她以一種偏食的態度來吸收知識，因為原則很乾淨：「只念自己喜歡的。」

面對人際關係，她也是比照辦理，只交自己認同的朋友，對味的才會放進口袋，其餘應對行禮如儀，她根本不在乎假日要跟誰出去玩，如果只是去湊人數，還不如做自己想做的事。

小馬處理人際與學業的方式，已經達到可以被逐出家門的地步，畢竟爸爸是萬年里長，大伯是農會理事，叔叔還準備選議員，小馬的處世原則卻與家族背道而馳，讓她成了地方人際網的漏網之魚。但她不以為意，她只想看看網外的世界，她才不想長大後去農會或漁會當助理。

由於成績優弱勢明確，長期以來偏廢數、理兩科，讓爸爸對她上高中這件事已不抱期待，而她本人也不想考高中，反正藥學系的姊姊才是家門榮光。

小馬從小只崇拜當護理師的姑姑。她認為姑姑是家族裡唯一對社會有實質貢獻的人，於是一心認定護專是自己要的，在姑姑的鼓勵下，最終她如願考上了北部的護專。

北上的前一晚，爸爸剛從里辦公室回來，然後把她叫進房間，塞給她一個紅包，緊緊握著她的手說：「想做什麼，就去做，你跟姊姊不一樣，遇到困難就回來。」爸爸露出某種喜憂參半的神情，一直以來，小女兒就像一本艱澀的書，讓他絞盡腦汁，現在他終於翻到最後一頁。至於有沒有讀通，小馬並不確定。

她只確定，那是爸爸對她說過最溫柔的話。

進入護專之後，小馬每學期都拿第一，在其他護生搶著和大學男生聯誼時，她已經把每日課程當成職前訓練，就連去軍營幫忙扎針都是一次過關，從來不會凌遲那些可憐的兵。

專三那年，小馬對心臟產生了興趣，相對於複雜的大腦，這是個只有四個腔室的簡單構造，卻成為人體的重要泵浦。「簡單而重要」，對小馬而言，是個非常迷人的形象，因此從五專、二技乃至實習，從內科走到外科，她一路跟隨著這個臟器，找到了人生的重心。

被戳得坑坑疤疤的世界，終於漏進了一些光線。

畢業後，她一心進入心臟外科加護病房（ＩＣＵ），那是個新手避之唯恐不及的雷區，因此大家都在等她被抬著出來。心外ＩＣＵ主要是照護心臟手術後的重症病患，無論是開心手術、心衰竭、心臟移植，乃至腸破裂的病患都有。一旦走進心臟外科，心臟就要大顆，畢竟四周都是垂危的生命，病房除了著重急救與照護技術，反應也要夠機靈，才能應付突如其來的出血問題。

那幾年，讓小馬汲汲營營的是重症病理與急診加護訓練，而不是人際關係，她不喜歡跟反應慢的組員合作，卻又擔心自己被挑剔，因此只把學姊們（其中一位是她的督導）的意見放在心上，最後在督導學姊的引薦下進入葉克膜團隊。久而久之，她把自己和三位學姊看作同一掛的，每天一起吃飯，一起參加研討會，順便噴噴難搞的家屬，互相取暖。

她不在乎被叫「臭臉人」，也不太需要社交活動，光是工作與進修就夠她忙的，閒暇時能看看直播、逛逛ＩＧ，到東區掃個韓貨，就是她生活的小確幸了。

此時，她的生命出現了一位重要的男性——一名外科醫師，這是小馬有生以來，第一次想親手餵男人吃東西，但餵的不是葡萄，而是子彈。

考量到外科現場如戰場，日夜生死交關，醫師習性暴躁也是情有可原，但這個禿頭的傢伙不一樣，他把自己當成了皇阿瑪，醫囑必須奉若聖旨，旁人皆為隨從，完全把白袍穿成龍袍。不僅如此，他還有個「三秒原則」，也就是當他需要誰出現時，那人就要在三秒內立刻出現在他眼前；我上一次聽到這麼任性的原則已經是十一年前，出自於軍中一個人緣很差的下士班長，後來那傢伙因為貪汙被調到外島。

禿頭醫師從來不賞護理人員好臉色，小馬更因為「三秒原則」而被他電了不下百次，連她的督導師父也只能事後摸頭。加上葉克膜的護理難度高，稍有閃神就有可能丟掉一條命，日子過得戰戰兢兢，月事紊亂已是家常便飯。於是在某天下午，小馬照料的一位中年婦女因葉克膜延命失敗過世，在目睹她拔管之後，小馬毅然決然地，離職回鄉。

就這樣過了三個月，心理陰影面積有增無減，卻沒接到任何一通關心電話，沒人在意她的現況，唯一能證明她曾存在的是那張舊班表，但她的時段已經被塗上立可帶，填上新的名字。她決定把自己被遺忘的這件事全都歸咎到禿頭身上，於是她來會談的時候，劈頭第一句就是：

「我要怎樣才能巴到那傢伙的禿頭？」

坦白說，這種要求我這輩子沒見過，而且我相信沒幾個人能成功。姑且不論對方的身分為何，這種事光是演練就很冒險了，不是每個人都能用周星馳打光頭王那招的，但我對於首次見面就邀你打禿頭的女孩很感興趣，於是順著這個話題往下聊。我們在四十分鐘內鑽研了各種切入角度，使用空氣動力學計算拍打弧線與頭皮的磨擦係數是否吻合，還模擬了數十種逃生路線與下跪的方法，每一招都百分之百保證會被告，於是最後我提出了一個疑問，如願結束了拍打禿頭的話題。

「想像一下，如果那傢伙的禿頭上面有汗，你還敢巴嗎？」

「有汗？」

「就是那種燈光照下來，它會變得很顯眼，你會忍不住想多看幾眼，為它提心吊膽，擔心它流下來，甚至有股衝動想幫它擦掉的汗。你想親手巴掉那些汗嗎？」

從她的表情我很確定，她絕對不會勉強自己。

●

拜禿頭所賜，我們的醫病關係得到了昇華，接下來三個月，會談議題從復仇轉移到新工作，最後她確定到北部某間腎臟科診所面試。然而，就在面試通過後的那次療程，也就是一個月前，小馬毫無預警地退回先前糟糕的狀態，一進門，就說出那句經典開場白。

「我真的沒朋友。」

我兩手一攤，看看四周，以為自己回到了三個月前。

「我說過我朋友很少，也知道自己臉臭，但我不在意，因為我覺得上班就是要學技術，救人，然後賺錢，我唯一認定的朋友就是那兩個學姊，還有我師父，一起工作三年多，真的是革命感情，雖然會隨時被電，但還是可以一起抱怨，一起合作。她們時常稱讚我，最後還推薦我進入葉克膜團隊，要不是那個禿頭……」

我又不自覺地想起那片汗被巴掉的樣子，這讓我有點痛苦。

「我想說再過幾週就要回來北部工作了，所以上個月想找她們一起吃頓飯，結果每個人都超冷淡的，說什麼有空回我，要不就回個愛心貼圖，後來就沒下文。沒想到上禮拜她們在臉書貼聚餐合照，時間點就跟我原本約的時間差不多，我看到都快暈了。」

「覺得被背叛了？」

「超級！我完全不懂，過去那三年的友誼代表什麼？真的可以人前人後一個樣嗎？你們如果不想跟我出去，就直接跟我說沒空，給我個痛快也好。已讀不回的訊息，有時就跟葉克膜一樣，以為是在延命，其實就是種凌遲。

「過去那半年我超寂寞的，雖然離職是我自己的決定，沒理由去煩大家。但其實有時候我還是希望他們來關心我，什麼人都好，傳個訊息也好，一直看到大家在臉書跟IG上的合照，我就會覺得很沮喪。

「結果從那張照片貼出來到現在，我整整一個星期都在耍廢，我甚至無聊到跑去查你們家的診斷準則，發現我好像符合什麼孤僻型人格的診斷。沒想到我竟然一點都不難過，反而比較釋懷，至少找出病因了。」

別鬧了，怎麼可能釋懷。

先簡單解釋一下「孤僻型人格障礙症」（Schizoid Personality Disorder），這是A群人格障礙的一種。「人格障礙」細分成A、B、C三大類群，共十種。另外還有「邊緣型人格」與「強迫型人格」，分屬B、C兩群。

「孤僻型人格」的人有個特色，就是「希望斷絕與世間一切的聯繫」，不是因為絕望，逼他們跟人親近才會讓他們感到絕望，離群索居反而能讓他們感到自在。他們不享受親密的關係，對讚美或責難也無感，堪稱邊緣人的翹楚，但並不是因為被誰逼到邊緣，而是自願流放邊疆，因此他們根本不會覺得自己有問題，通常都是由家人帶過來評估，原因大多是不想結婚。

我遇過的案例中，有兩位是自己開工作室的電腦工程師，一位是氣象觀測員，職業屬性說明一切。

但是，我完全不認為他們有問題；相反地，我認為他們找到了適合自己的位置。至於結婚與否，那是普世價值。普世價值是人情議題，鑑別診斷是病理議題，因此我認為他們並沒有障礙，頂多符合傾向，可想而知，家人並沒有笑著離開。

「如果只是粗略地對照準則，確實有些相似，但你和孤僻型人格障礙之間有個最大的區別……」釋疑了一大串之後，我對她丟出這句話。

「什麼地方？」

「你還是很在意他們。」小馬推推鏡框，我繼續說：「這表示你依舊渴望與人連結，儘管人數不多。而且對於熟悉的人，你仍然看重他們對自己的評價。光是這兩點，就可以暫時把你排除診斷了。」

「那我到底是什麼診斷？」

「挑剔症，英文叫 Picky Disorder，是一種非特定性的人格違常傾向。」

看她認真抄筆記的樣子，我真是超罪惡的，我以為她知道這是個玩笑。

「其實你有沒有想過，那三位學姊是怎麼看你的？」

「可憐我吧，沒人緣又臉臭的學妹。」小馬徹底陷入厭世模式。

「後半句很中肯。」然後她瞪我，「不過，如果可憐你，幹麼把你拉進葉克膜團隊？那是有風險的，但關於她們怎麼看你，或許你有點混淆了。」

「怎麼說？」

「你說那三位學姊本身是同輩，而其中一位是你的督導吧。」

小馬點點頭。

「也就是說，你們比較接近師徒關係囉。」

「師徒也可以是朋友啊。」

「當然，但相較於你們的師徒身分，她們是同輩，關係一定會更緊密一些。你在她們眼中，應該是個特立獨行而又有能力的學妹，因此才想提攜你，而不是可憐你。我不確定你們的友誼是建立在專業上，還是私人關係上，因為很多人會混淆這兩件事。加上你們之間有位階落差，因此更私密的心思或許只會在她們彼此之間流通，於是在你離開之後，她們並不會感到特別失落，因為她們還擁有彼此。」

「是這樣嗎？」

「這只是我的推測，像我督導的學生哪敢跟我吃飯，對他們來說根本就是鴻門宴。師徒之間，本來就不可能像同輩一樣平起平坐，今天要是你師父跟你一樣獨立還好講，

孤獨不一定關乎人氣，
有時候是因為想做自己，
因此一個人，也只是剛好而已。

但偏偏她還有兩個好姊妹，這關係順位無論怎麼看，你都不可能跑到前面。」

「那她們大可拒絕我啊。」

「我猜對方會這樣做，正是因為她們還在乎你的心情，因此猶豫著該如何拒絕你。至於理由，或許是因為你離開了半年，距離一遠，情誼也會被稀釋，這半年你們都沒聯繫，吃飯時怎麼開話題應該讓她們很苦惱吧，總不能把你晾在一邊。又或許你師父收了新的學生，正準備展開一段新的師徒關係，把先前的革命情感轉到另一個人身上。關係的親疏遠近，在一個人離開之後，才會真正地顯現出來。」

「反正就是我自作多情。」

「這不好說，或許真的是你對這段感情產生誤判，她們或許就是把你當作感情好一點的學妹，但沒好到要排除萬難重聚，這種回饋的落差，一定會讓你很不好受。但你之所以會這麼在乎，是因為這半年你嚴重缺乏人際關係，而她們如果對你表現得可有可無，是因為她們本身就建立了比較緊密的人際網絡，兩相對照，結果就顯得殘忍。但這局面也算合理，畢竟你的付出，在她們看來就是學生原本會做的事，學生離開，責任已盡，你不能期待她們用平輩的方式回應你的心情。」

「我也知道要多交朋友，可是有時候就是跟室友聊不起來啊。」

「所以你一直選擇不勉強自己，這很酷，但正是因為你選擇做自己，所以要付出相對的代價。那些你平常沒有建立起來的關係，不能奢望在這種時候會拉你一把，也就是說，在你選擇做自己之前，就必須在『沒有後援』這件事情上面做好心理準備，確保自己夠強壯。想變酷，你就要成為自己的後盾。

「孤獨不一定關乎人氣，有時候是因為你想做自己，因此一個人，也只是剛好而已。」俗了俗了，我居然還押韻。

小馬洩氣似地癱軟在沙發上，那根刺彷彿把自己戳了個洞，因此我隨口問道：「過去半年，你怎麼安排生活？」

「我一直在看書。離職後，我覺得腎臟科診所的前景不錯，又跟長照有關，所以就把血液透析和腹膜透析的教科書都讀過一遍，也看了人工腎臟的文獻。我白天比較有精神念書，下午就輪流去做空中瑜伽跟游泳，晚上一般都追劇，然後看ＩＧ。我這半年追了好幾個ＩＧ，很棒耶，都不用花錢買雜誌。有空就找幾個國中同學出來吃飯，假日也會陪爸媽騎腳踏車。大概就這樣，沒什麼特別。」

「你完全把生活的縫都填滿了啊，不留餘地，你這樣跟矽利康有什麼差別。」

「這些都是我喜歡的事，我的興趣還算廣泛，但不一定每個人都喜歡，所以才覺得交朋友麻煩，我不想勉強其他人一起做這些事。」

「追劇很棒，這也是我跟自己相處的方法。像我老婆在我的訓練下，已經開始思考每個鏡位的擺設美學，預測重要橋段的轉折，體會交叉剪接的重要……」

她一邊聽，一邊搖頭，露出一副「你老婆真可憐」的表情。

「被拒絕的心情肯定不好受，但至少能提醒你一件事，那就是你很會獨處。有些人因為怕寂寞，每天把行程塞好、塞滿，試著讓自己看起來很忙，但其實根本沒有投入，他們的人生沒有真正的興趣，只是一直擔心別人如何看待自己，擔心自己看起來很孤單。你不一樣，你是真的把自己有興趣的事情進行到忘我，那才是真的自在，對你來說，這是值得慶幸的事。」

學會獨處，才是自在的極致表現。

「所以意思是，如果我要過得自在，還是不要交朋友比較好嗎？」

「當然不是，並不是要你刻意追求孤獨，不需要做到這麼極端。而是當你感到孤獨的時候，不要忘記，你還能跟自己相處。」

小馬離開前，我叫住她，順便給她一點鼓勵。她這幾個月的穿搭功力突飛猛進。

「你說這幾個月開始追了好幾個ＩＧ，看起來成效顯著啊。」

「就我們有個韓貨社團，幾乎都在follow韓模Irene Kim身上的物件，主要是代購與穿搭分享。這個社團本身也會推薦不錯的ＩＧ，就這幾個，你看。」

小馬打開手機螢幕，一連掃了好幾個帳號，此時我眼睛一亮，其中有個帳號叫May，沒錯，就是五月！於是我靈光乍閃，雞婆心開始運作，一手指向五月。

「這個怎樣？感覺有點面癱。」

「對啊，她比較僵硬，但穿搭能力卻是裡面最強的，我非常崇拜她。」

「都不笑耶，看起來有點驕傲。」

「才不是咧。」小馬點到其中一篇《L'OFFICIEL》的翻譯短文，「她很認真，短文會點出穿搭重點，譯得也很通順。你注意看，每篇文章最後都會寫『要微笑喔』，我以為她是寫給讀者，但看久了之後就會發現，她其實是寫給自己的。我覺得她並不高傲，應該只是害羞而已。」

我感動到只差沒把白袍脫下來給小馬穿。

「所以我想她應該找個麻豆，然後她負責搭配，這樣就無敵了。她很早之前有徵過一次小模，但後來好像刪掉了，我很想支持她，無酬當她的小模我也願意。可是我的留言她都沒有回，我也不好意思熱臉貼冷屁股，有了學姊的經驗，我不想再這麼尷尬了。」

我想起五月之前曾提過妹妹留言的事，「或許她根本沒看留言啊。這樣吧，你再持續一個月試試看，厚著臉皮，當作交朋友的契機吧，說不定有什麼奇蹟之類的。」

沒等我講完，她已經開始留言了，穿越坑洞漏進來的光，照映在她的笑容，以及那些正在進行的句子上。

PART 2

人生障礙俱樂部

強迫型人格

一位強迫型人格主管與他的死亡筆記本

有時候給出彈性並不是為了鬆懈，而是喘息。

原來是這種感覺，當你手上拿著一本死亡筆記本，而且上頭還寫了你的名字。

筆記本有個黑色牛皮封套，褪色得挺嚴重，內裡可自行填充活頁紙，紙上有密密麻麻的格線，以日期為單位，塞滿了人名、時間與地點。字跡端正，格線分配均勻，以不同顏色區分行程屬性，仔細一看，所有格線都經過手繪，間距精準，一絲不苟，每一條線段都不妥協。

筆記本主人是一名四十五歲男性，在光電公司擔任品管主管，這本筆記本從他十五歲持有至今。

根據死亡筆記本的規則，舉凡被寫在上面的人名，將會於特定時間與地點遭受性命威脅，於是按照筆記本上的內容，今天下午三點半，地點是醫院會談室，我可能會跟這世界天人永隔（原因不明），而下一個受害者則是反射塗料的供應商張先生，他將於今天下午五點半，在內湖某咖啡廳內死於非命（一樣原因不明）。

不過還好，這世界才沒有什麼死亡筆記本，不然我會一定想盡辦法把國中理化老師的名字填上去。

好，過關！

才怪，正好相反，根據倖存者（陪他前來會談的同事，確保他有依約赴診）的口供，絕大多數的時候，被寫上去的下場只會比死更慘，因為這代表「你被排進了他的行程」，一旦行程底定，男人就不容許這一格再有任何更動，而且「死」命必達：你不准遲到，不准對行程內容有任何異議，不准討價還價，不准遺漏細節，也不准偷哭。這一格，不會有任何溫度，因此結果只有三種：

第一，你乖乖聽話。

第二，你被他盧死。

第三，他被氣死。

但第三種結果已經被視為一種神蹟，從來沒人看過，因為大多數人都活不到那種時刻就屈服了。

至於為何下場會比死更慘，因為協調的過程會讓人生不如死——他絕不屈服，也不接受議價，為了原則，他會堅持己見，跟你鏖戰到底，難纏的程度會讓你寧願去國會接受立委質詢；想要套交情或示弱，都只會得到他的鄙視。

他深信只要踩住底線，就能掌控全局，相較於死神，他某種程度上比較像決定生死的「判官」。

判官出生在軍人家庭，老爸雖然是萬年士官長，性格卻大而化之，但當時沒人知道判官最不能忍受的，就是「大而化之」四個字。

判官從小就和兩個兄弟不太一樣，他很聰明，但這並不是他學業一路拔尖的主因，重點是他很自律。他從來不把暑假作業拖到最後一天，每道習題都會驗算一遍，每個實驗步驟都會詳細註記，需要訂正的錯字自動罰寫兩行，堅持親手摺每件衣服，跑步絕不會跑到一半放棄，就算拖地，他都不會放過沙發底下的區域。他做任何一件事，都不是為了掌聲，那些對他來說不重要，他向來只有一個目的——達到自己設定的目標。

「你有夠龜毛！」

這句話，他不知道聽了幾萬遍，他一點也不否認，甚至把它當成一種認證，一種堅守原則的認證。有些人就是不懂，充滿秩序的生活才是最不辛苦的，既不會發生任何變動，也不會感到迷惘。人一旦想偷懶，尤其是仗著「要懂得變通」這種理由，不管做什麼都會坎坷。他寧願努力達成每一個目標，也不要每晚躲在棉被裡為自己的退讓感到後悔。

他討厭畫線畫得不直的感覺，他討厭總是有人破壞規矩，他討厭聽到「都可以」三個字，他對於模稜兩可的事感到非常不自在。他並不覺得自己的標準有多嚴苛，那些對他來說，都是「應該」要做到的事，他只是盡力不讓每一步超過紅線。

但箇中道理沒幾個人懂，直到多年後看到村上春樹的新書，裡頭的某句話讓他暗自竊喜，原來自己並不孤單。**「寫出來的文章能不能達到自己設定的基準，比什麼都重要」**！

「只要成績夠好，就能爬上管理職」，這條規則是從校園裡長出來的。老師曾經給過他選擇，但他選擇不當班長，而是當風紀股長，史上最容易賠掉人際關係的班級幹部，比一直賠錢的總務股長還慘。他沒什麼人格魅力，這點他有自知之明，可以把人情因素刪掉的工作，他比較擅長，就算當黑臉也不在乎，這點成了他日後的工作方針。上級交辦下來，他設定目標，完美執行，秩序比賽每個月都拿第一，那時一個年級有二十二個班，班長上台領獎，他在底下跟著鼓掌。

隨著判官慢慢長大，他開始把學校的那把尺帶回家中，對著家中的角落，隨時檢驗任何可能超標的數據：冷氣不能低於二十六度，衣服三天洗一次……他為家裡寫下一條又一條生活公約，也把那把尺帶進了每一段關係中。他沒辦法和人產生緊密的連結，因為他已經習慣用刻度來度量跟人的距離。

說到底，人類不是他的專長。

高中聯考放榜後，他穿上卡其制服，宣告「死亡筆記本」正式啟用。他用老爸送他的第一志願獎勵金，買了一個牛皮筆記封套，塞進一年份的空白活頁紙，沿著尺，畫下第一條線，往後的人生就隨著那條線拉進了筆記本，基本上他的人生就躺在裡面，只是沒人敢去翻。

對當時剛拿到課表的同儕而言，會再去買本行事曆根本腦袋有洞，然而判官規劃的並不是上課時間，而是「下課時間」。該預習的進度，該複習的範圍，該找哪位老師提問，該到哪間補習班報到，全都妥妥地放在行事曆的每一格空格裡。複習不完，就熬夜複習；找不到老師，就在下課堵到他為止；寫錯答案，就在補習班問課輔老師問到他投降為止。一直到行程完成，他才能在空格旁打個勾。

他的人生完成度，大體上就是由空格旁的打勾數來決定的。

在材料化學研究所畢業後，他進入光電科技公司，一開始擔任材料分析工程師，經過幾年摸索，他發現只有「品質管理」這件事才能讓自己樂在其中，因為他最需要的就是「控制感」，於是他決定走進生產線。

一晃眼，十八年過去，有體面的房子、車子，優渥的薪資，一半拿來供養雙親，一半拿來儲蓄。沒有婚姻的束縛，沒有額外的開銷，可以想像他的房子有多乾淨，擺設有多麼循規蹈矩，也可以想像一般人要進到他家有多不容易，因為他不亂交朋友，甚至可以用「挑剔」來形容，如果不是因為共同興趣而交談，他寧願不要浪費時間，就像村上春樹說過，「**沒有什麼人喜歡孤獨的，只是不勉強交朋友而已，因為就算那樣做也只有失望而已**」。事實證明，這世界上還真沒什麼因為共同興趣而結交的朋友，只是大多數人不太在意。

再多的挑戰，都不會磨平判官身上的稜角，反倒讓稜線變得更鋒利。如果把他想像成一個立方體，工作對他而言就是一個正方形紙箱，他每天的生活，就是把自己精準、平穩地放進那個紙箱，不容許有一絲空隙與摩擦，一切都要恰到好處。

對老闆而言，能招募到這種傢伙簡直是淘到寶，在那之前，從來沒有一個人能在扮黑臉的同時，還維持工作效率。自從判官進入品管部門後，公司產品的「良率」大幅提升，分析數據精準，每一季財報都漂亮得要命，這歸功於判官一手包辦所有的品管業務。一方面是因為他的單打能力強悍，但更重要的原因在於，他不信任任何人，他只相信自己的判斷以及筆記本上的行程。由於那些獨斷的決定一直帶給公司可觀的收益，因此在年度營收面前，他的個人主義只是藏在數字後面的瑕疵。

唯一的問題在於，那本死亡筆記本。

那本筆記本逼死了太多人。所謂「逼死」，當然不是指生命的殞滅，比較像是一段關係或對方事業的抹煞。但無論是人際關係或是下屬的職業生涯，都不是他在意的事，他只在意產品良率增加的數值。

如果是單打獨鬥的分析工作就算了，幾年前，他升上了品管主管，情況變本加厲，對於旨在永續經營，培養接班人才的公司而言，每個月都逼走一堆人等於自斷後路。跟過他的下屬，壽命長則三個月，短則數日，這些人每天都過著被安排的人生，所有意見與決策都被無視。在他的部門，沒有雙向的對話，即便有不少人暗地折服於他的遠見，卻無法忍受他的性格。

公司沒有資遣他的理由，只能採取另一種策略，而且是史詩級的高難度策略，那就是——改變他，同時把死亡筆記本的殺傷力降到最低。

於是，這成了我出現在死亡筆記本上的理由。我的名字旁附註心理治療約談，時間只留給我四十分鐘，還在旁邊打上星號，意思是這一格有提前結束的彈性。

「強迫型人格障礙」（Obsessive－Compulsive Personality Disorder，簡稱ＯＣＰＤ），是Ｃ群人格障礙的一種，最顯而易見的人格特質就是「完美主義」，這是他們的主要症狀。他們專注各種細節，相信魔鬼就藏在裡頭，為了追求完美，他們不僅苛求他人，同樣也不輕易放過自己。他們不會認為自己有問題，除非工作表現與社交關係出問題。

這特質是種雙面刃，「嚴以律己，『嚴』以待人」的做法，通常會造就出一群領袖或楷模，畢竟願意堅持才能笑到最後；然而一旦過了頭，就會變成某種酷吏，在拿把刀開疆闢土的同時，也斬斷了與周遭的連結。於是他們告訴自己：「沒關係，英雄總是孤獨的。」

同樣是專注細節，還有功能好壞之分。功能差一點的，可能會聚焦在毫無意義的細節上，拖垮團體效能，淪為豬隊友一枚。功能好一點的，雖然同樣缺乏溝通能力，但由於專注在正確的線索上，加上意志堅定又有責任感，通常會成為令人又愛又恨的神主管——恨的是他的態度，愛的是他的才能。對高級主管而言，他是事必躬親的完美下屬；對下屬而言，他是令人聞風喪膽的主管。在這種人面前，什麼慣老闆之流的都只是被寵壞的嫩咖而已。

如果你的主管長成這樣，恭喜你，你將會歷經到前所未有的震撼教育，一場失去溫度的苦難壯遊，熬過這一關，保證職場仕途百毒不侵。即便熬不過也絕不丟臉，可以選擇光榮退場，畢竟最美好的一仗，你已經打過了。

「我沒有逼走過任何人，他們會走，是因為他們知道自己不適任。就算留下來，也只是扯後腿而已。」

第一次晤談結束前，他丟出這句話。判官話不多，但沒一句廢話，每句話都是深思熟慮後的組合，他會確保這句話不會再節外生枝，拉出不必要的話題。簡而言之，他把每句話都當成句點，喔不，是結論。其實我滿喜歡跟他會談，一方面不會浪費筆記本的空間，一方面能加快會談速度。

然而，對於這樣的案主，跟他講道理是行不通的，因為這件事他比你還擅長，除非能引發他的「同理心」，讓他認清自己的規則不一定適用於每個人。但若依照現實條件，也就是以「幫公司止血」為目的，最簡單的做法，就是請他「調整職務」。只不過按照這樣的套路，我這個心理師的作用就只是用來確認「這傢伙果然無法改變」而已，一想到就讓人洩氣，於是到了第三次療程，我決定轉換策略。

判官以同樣的節奏敲門，穿著同一套西裝，以同樣的姿勢拍了拍沙發，然後坐下，同樣沒什麼表情。我想，就算今天坐他對面的是塗料供應商張先生，他的態度大概也不會差多少，我們都只是他格子裡的人，等著被他打勾的人。

「我們還有三十九分鐘，開始吧。」他微微舉起右手，示意我開始。這傢伙居然把心理師的專屬台詞與動作整碗捧去用。

「好，我們今天來聊聊字典。」

「字典？」

「沒錯，我假設每個人的腦中都有一本字典，搞清楚字典的內容與它的關鍵字，就能推論出那個人的行為模式。當然，這是一個可逆反應，也可以從某些人的行為歸納出他的字典，進而了解他的價值觀。」

「繼續吧。」

「這幾次下來，我發現你的字典很乾淨。」

「怎麼說？」

「你的字典沒有多餘的廢話，每一頁的關鍵字都一樣，都只有兩個字。」

「哪兩個字？」

「應該。」

判官沉默了一下，但並不是為了思考如何回應，而是等著我往下答。

「你是一個按部就班的人，我知道這不是什麼正向的形容詞，就跟『你人很好』沒什麼兩樣。但我了解按部就班絕不是一件容易的事，畢竟每天都要跟世界的彈性對抗，也正因為它不容易，因此很多人辦不到。對你而言，一旦被你發現其他人沒有走在線上，沒有做好應該要做的事，你的字典就會不斷把這兩個字寫進去，於是漸漸地，『應該』就成了你的字典裡，詞頻最高的兩個字。

「隨著這兩個字變得活躍，他們會開始擴張，慢慢吃掉其他的關鍵字，等到你的字典最後只剩下這兩個字的時候，你的造句規則就會變得很單調，只能拿這兩個字當開頭，譬如說：『這應該不難吧，還需要教嗎？』『這之前應該就要準備好的吧！』『你不應該先報備嗎？』『把工作時間分配好，應該很正常吧！』之類的。」

「難道不是這樣嗎？」

「是的，你的『應該』都是附屬在正確的社會規範上，它的存在非常合理。只是一旦『應該』開始變多，就會讓我們忽略別人的處境。」

「我不是來照顧別人心情的，你們才是。」

「的確。如果今天你是一個人工作，把『應該』貫徹到底絕對沒問題，但若是跟別人一起工作，那就另當別論。畢竟每個人的字典都不一樣，也不一定非得要有『應該』這個關鍵字。當兩本字典一起互動時，沒有誰的字典才是指導範本。」

「根據我的經驗，那樣會天下大亂。」

「好，那我們回到此時此刻。現場就只有我們兩個人，我負責進行心理治療，我的字典裡也剛好有個『應該』，其中一句叫做：我們『應該』要能同理別人。如果接下來我希望你照著我的『應該』去做，你怎麼想？」

「辦不到。」

「沒錯，在你眼中很輕易的事，別人辦不到，因為你的執行能力非常優越。同樣地，你可能也有辦不到的事，這些事或許與工作無關，因此你不在意，也沒什麼練習的機會。但剛剛的過程至少證實了一件事：沒有誰的『應該』可能教別人怎麼做事。」

「我只是選擇比較有利的方案來執行。」

「很有道理，可惜人不是機器，不是按下開關或換零件就能運行。人有『情緒』這種東西，有時候給出彈性並不是為了鬆懈，而是喘息。有些人並不是能一路衝到底的選手，他們需要喘口氣，才有體力拿出更好的表現。如果你能明白每個人的字典都其來有自，那你就能更合理地去看待每個人的表現，認清每個人的強項都不同，而不是一味地期待他們都是神隊友，就像我不期待你變成一個心靈捕手。」

「所以你希望我怎麼做？」

「你想調整現在的工作嗎？」

「不想，我不喜歡研發，坐辦公室很痛苦，到現場好一點，我比較習慣盯進度。」

「好，如果你想做自己喜歡的事，尤其這件事跟團體行動有關時，你就得付出一點代價，這是『應該』的吧。」我不經意地比出引號手勢，然後發現這是一個很假掰的選擇。

他點點頭。

「你現在有幾個下屬？」

「五個助理工程師，分別負責環境管理、進料、製程、客服以及品質工程。」

「哪一位比較成材？」

聽到這個問題，他眉頭一皺，臉上冒出了某種不祥預感的表情，似乎在擔心接下來的代價。「嗯，只有客服和製程那兩位比較進入狀況，其他三個我得幫他們扛。」

接著，我拿出了我的黑色筆記本，不用擔心，它是負責讓人活命的筆記本，就像辛德勒的名單。

「這樣吧，我們先嘗試一個月就好。我需要這五個人從小到大的經歷，也就是說，我要他們的字典和關鍵字。請你一週約談一個人，不談工作，只談出身，好好聊他們的人生，然後把他們的優、弱勢寫下來，下禮拜跟我一起討論。就從環境管理那位開始。不是要你辦一場心靈講座，而是做你擅長的分析，加上你本來就是品管部的老大，做老大該做的事，這要求『應該』不過分吧。」

他看起來十分痛苦，表情就跟海鮮中毒差不多，如果當場拍下來，那五名下屬必然會十分欣慰，還可以拿來當成「反判官粉絲專頁」的大頭照。他的不甘願程度，就像逼一個從來不笑的人必須在團體中跟大夥一起歡樂比YA，而且還來個五連拍的那種。由於這個「應該」非常合理，他沒有拒絕的理由，即便我會得到有史以來最難看的笑容，但他會理解，只要經過練習，勾起嘴角不會是那麼困難的事。

經過雙方同意，我們把這項作業寫在各自的筆記本上。

我不知道這樣做能否為這五個人續命，但我希望他能仔細去看別人的字典，了解他們的典故。一旦能做到這點，我們才能往下談到妥協，談到折衷方案，才能讓他試著後退一步，然後在團體中與其他人產生連結。

後續的治療還很漫長，但至少在我們談了四個月之後，沒有人走路，也沒有人要求調離現職。他甚至還在我的要求下辦了一次聚會，主題是講自己這輩子最糗的經驗，還有初戀。可想而知，這種極度亂來的主題，對他而言已經不是海鮮中毒的等級，而是A型流感，這個要求就像是射中了他的阿基里斯腱，導致他那天走出會談室時有點軟腳。

但幸虧性格使然，他最終還是完成了這個約定，而且成效居然還不錯（聚會時沒有人藉故離席）。

人類最堅固的部分，不是肉身或頭蓋骨，而是性格，這是一種除非系統癱瘓才能更動的設定，而我們唯一能做的，只能調整行事的方法，聽起來不太帥氣，卻是最符合現實的做法。

在那次聚會後的隔天，判官依約定傳了一張當天的發票與合影（作為赴約的佐證，但其實是核銷聚餐經費的資料）。照片中，沒有人露出依約赴死的悲壯神情，氣氛還算和諧，於是我回傳了一句話，那是村上春樹曾經在《1Q84》說過的話：

「人的生命，在本質上雖然是個孤獨的東西，但卻不是孤立的存在，因為它總是在某個地方與別的生命相連。」

酒精使用障礙症

斷片俱樂部

當我們斷片時，儘管笑吧，笑得開心點，至少我們還能取悅這世界。

「你上次斷片是什麼時候？」斷片是香港用語，切換成國語，就是喝茫，ㄎㄧㄤ掉的意思。修哥一邊問，一邊壓著自己的太陽穴。

「應該是十年前吧，為了慶祝退伍，一口氣乾了超過十罐金牌。我最高紀錄是一次十五罐，而且沒醉，坦白講我的臟器還挺管用的。」

我很想這樣講，但事實上是我前天晚上才喝了一罐四百七十三毫升的雪山，然後隔天就頭痛一整天，連陪女兒玩廚房遊戲也力不從心。老婆什麼都沒說，一整天只用一種好像我這十年來都在吃軟飯的眼神看我。

「你看起來很不妙。」我回話時，修哥點點頭，還是不斷按著太陽穴。

「還記得我們團的吉他手嗎？」

「當然，一個只用同一種姿勢刷弦的傢伙，會一直留在我的記憶深處。」

「鼠爺是我高中的前輩，我們算生死之交了。上次的暖場表演，由於妹子的貝斯彈得太威，主辦方立馬送上好幾張表演約，大夥簡直嗨翻了，於是鼠爺就把『斷片俱樂部』的人叫出來。」

「斷片俱樂部？」

「嗯，就幾個酒友聚在一起喝到掛的非營利組織。鼠爺跟他們比較熟，我們玩團的其實不太常喝，因為喝多了手會抖，要是連吃飯的傢伙也拿不穩，就只能跟舞台說聲拜，但鼠爺天賦異稟，超級能喝，我猜他有三塊肝。那晚我們續攤到凌晨兩點多，妹子不喝酒，所以負責開車，車上擠了七、八個彌留狀態的大叔。後來開到青島東路時，鼠爺突然看到條子揮手臨檢，於是立刻幫妹子拉上手煞然後衝下車，搞得全車都被驚醒，沒人知道他幹麼下車去跟條子鞠躬哈腰。

「結果三十秒後，整車的人都開始掏手機，因為站他對面的不是條子，而是個該死的施工警示人偶，就是穿反光背心，拿指揮棒上下擺動的那種。當時這醉漢就站在路中央跟一個假人裝熟，然後不斷被上下擺動的指揮棒巴頭，就像敲木魚一樣，他氣得想拔下指揮棒，卻總是抓錯時間差，每次跳起來都撲空，跳針了幾百次，我懷疑他根本只是想抓空氣。後來條子真的趕來酒測，他居然趁隙抽走對方的指揮棒，還高興得不得了，結果差點被壓制。悲哀的是，這種蠢片的點閱率，居然比我的單曲還高幾百倍。」

我相信就算只拍那個假人揮手，點閱率也會比他的單曲還高。

「斷片俱樂部成立的目的，就是挖坑給鼠爺跳，而裡頭只有一個人笑不出來。」

「誰？」

「我！」

我疑惑地看著修哥。

「因為我知道，鼠爺根本沒醉。」

修哥難得正經地說。

「鼠爺一直想留山羊鬍，但他的鬍碴非常稀疏，看起來就像個混得很差的陣頭，所以當不成虎爺，只能當鼠爺。我們是在阿通伯的樂器行認識的，每次練完琴就一起聽通伯講黃色笑話，那年我高一，他大我兩歲，到現在也二十多年了。鼠爺對芬達（Fender）電吉他很在行，因此不當專職樂手，而是選擇修理吉他，在這種世道，修吉他比彈吉他吃香多了。

「鼠爺退伍後沒幾年就結婚了，老婆是時裝店員，兩人在酒吧認識的，那時候他的藍調彈得真狂。」

我不相信，現在的鼠爺就像一隻被電池驅動的銅猴子，只是手上的銅鈸換成了吉他，而且還沒什麼電力。

「我的二手摩城（Motown Records）黑膠全都是他送的。以前我年紀小不懂事，到處跟人家說伍佰的吉他彈得很爛，結果當鼠爺在台上彈伍佰的〈點煙〉時，我忍不住把膝蓋獻給他，然後跟伍佰認錯。媽的，我的團從來沒人跪過。」

一定有！一定有人跪下來求主唱閉嘴。

「結果那天晚上，有另一個人也把膝蓋捐出去了，就是他老婆。他們是奉子成婚的，女兒叫米妮，沒辦法，誰叫他老爸是隻老鼠。婚後他開了一間工作室，偶爾幫樂手代班，大部分時間都窩在六坪的店面賣配件、修樂器，平常接女兒上下課，有空就教她彈烏克麗麗，一家人幸福得要命。鼠爺沒什麼惡習，頂多在修琴時喝點小酒，他說這樣才能讓自己放鬆，更專注在細節上。一個晚上了不起一杯威士忌加冰，再不然就兩罐台啤，這樣的量還好吧？」

確實還好。針對男性，我們通常會把一罐啤酒或四十毫升的威士忌視為一「單位」的酒，只要一次不超過四單位，或一週不超過十四單位，就不算過量飲酒。

「大概在米妮七、八歲那年，他老婆在店長的慫恿下，開始玩直銷。不到兩年就燒了一百多萬，家裡囤了一拖拉庫的酵素、魚油和保養品，為了養下線銷貨，她還跑去找地下錢莊周轉，最後債主找上門，鼠爺只好把房子的頭期款拿出來抵債。不過，事情並沒有好轉，可能因為賠得太慘，他老婆不打算收手，照常三天兩頭跑去飯店上課做筆記，一副要把這局贏回來的樣子，女兒每天放生，連她娘家的人都放棄治療。最後鼠爺被逼得只能離婚，他們簽字那天我很難忘，那是我第一次看到他喝醉。

「一直到最後，他都還搞不懂自己為什麼會失去老婆，事情明明不該變成這樣的。但他沒有怨言，一句都沒有，他的話量跟飲酒量達到一種微妙的平衡，話愈少，喝得愈多，他把那些話含進酒裡一起吞進去，然而這樣做並沒有讓他變好。他的手開始抖，連穿線都有點困難，音色敏感度也變得很差，調音調得亂七八糟，常被客人退貨，生意整個一落千丈，我後來還去工作室幫他校正了好幾把琴。從那時起，米妮變得不太敢和爸爸說話，大多數的時間都是奶奶幫忙照顧。

「不過真正讓鼠爺癱瘓的，是米妮選擇離開他。那件事，我其實也有責任。」

「怎麼說？」

「大概在三年前，米妮升國一的時候，學校吉他社一直找不到專職的指導老師，鼠爺因為剛離婚不久，想對女兒做些補償，於是自告奮勇上任，反正帶國中社團只要教基本和弦，練練〈驛馬車〉之類的簡單曲子就好。他除了把學校所有的琴都修過一遍，還捐了好幾把吉他出去，米妮也幫忙寫簡譜，她終於比較敢和爸爸說話了，所以整件事的開局不錯。但沒想到一過了寒假，情況卻急轉直下，歸根究柢還是在於酒。

「鼠爺那時變得有點誇張，一晚一手啤酒是基本，要不就三天一支黑牌。鼠爺曾說，他原本很享受喝酒，享受那種鬆弛的感覺，但到後來竟然變成不喝會很難過，他不懂為什麼會變成這樣，我也不懂。你說，到底為什麼？」

很簡單，因為所有的成癮行為（Addiction），都是一種從「想要」變成「需要」的過程，無論對象是酒精、藥物或是網路。把酒帶入這套公式，就是從「喜歡喝酒」變成「離不開酒」，從單純的心理愉悅變成生理束縛，因為酒精對身體而言，具有所謂的「耐受性」（Tolerance）。也就是說，我們的胃口會被酒精養大，一直喝等量的酒精，身體會逐漸習慣這樣的刺激而變得麻木，唯有愈喝愈多，才能找回當初的快感，這是很重要的原因，如果再加上生活壓力不斷滲進來，減酒根本不可能成為選項。

可怕的是，如果有天我們想少喝一點，哪怕只有一天，身體就會出現戒斷症狀（Withdrawal）。因為酒精是一種中樞神經抑制劑，是讓感官運作變慢的，如果血液中的酒精成分突然減少，會讓長期被抑制的神經系統瞬間活化，就像一群被封印的活屍突然重返人間。於是交感神經開始無腦暴衝，讓身體產生噁心、心跳加速、血壓上升、體溫增高及頭暈等症狀。貿然斷酒，等於叫一個剛睡醒的傢伙去衝一百公尺，換來的就是他在終線的反應。既然這樣做只會換來不舒服的感覺，倒不如一直往下喝，就這樣一路被酒精挾持，變得不得不喝，最後離不開酒。

「下學期第一堂課他就睡過頭了，一連好幾週都遲到，每次都帶錯簡譜，要不就紅著脖子在台上恍神。同學開始幫他取綽號，我根本不敢想像米妮當時的感受。

「一直到六月的某個下午，他突然打給我，請我去學校頂一下，他在家裡醉到起不來。但那時我正在陪女友看電影，加上之前已經幫他頂了好幾次，於是一口回絕以示懲戒，畢竟女兒是他的。後來我才知道，前一晚他前妻找米妮吃飯，然後她跟媽媽透露自己有點怕爸爸，不知道他還會變得多糟，於是他前妻打來罵人。

「結果鼠爺找不到人代班，只好硬著頭皮坐上計程車，拖著快當機的腦袋，一身酒氣，跌跌撞撞地走進教室。他的手是麻的，完全找不到壓弦的感覺，舌頭也不聽使喚，沒人知道他在說啥，他只是不斷用手畫圈請大家彈同一組和弦，聲音愈來愈大，甚至對著空座位咆哮，應該是出現幻覺之類的。於是女生變得害怕，跑去教務處求救，男生覺得好玩，開始拿手機錄影。沒多久鼠爺忍不住吐了，接著一個踉蹌，腦袋直接撞上桌角，幸虧教務主任和警衛及時趕到，把他送去急診縫了十幾針。

「當時沒人知道米妮在哪，其實她一直躲在女廁哭，根本不敢回教室。由於影片被學生上傳，沒多久就被放進新聞片段，社團學生打馬賽克受訪，學校也退還鼠爺送的吉他，從那之後，班上男生開始對她唱〈酒後的心聲〉，沒事在她面前跌倒，包括她暗戀的男生。你無法要求一個國一女生去理解爸爸的苦衷，為什麼好端端的老爸變得那麼不好。鼠爺只是失去老婆，米妮卻失去了媽媽跟爸爸。她後來搬去跟姑姑住，有時則會偷跑去媽媽那裡睡。雖然撫養權在鼠爺身上，但對他來說，失去女兒之後什麼都無所謂了，他不想用法律去綁架任何人，因為那些人照顧女兒都照顧得比自己好，這是法律看不到的部分。

「沒多久，鼠爺就把工作室收了。房子退租，搬回去跟老媽子住，幫樂器行打零工，然後吃吃老本，錢都拿去買酒，變成鐵鋁罐與玻璃瓶的回收大戶。我會把鼠爺找進來玩團，也是因為愧疚，因為那件事的衝擊力太強，讓他整個人癱瘓掉了。

「但這幾年他就像個小丑，還跟其他酒友組成什麼斷片俱樂部，我他媽超賭爛這個團體，都是一群看戲的酒肉朋友。我一開始不以為意，頂多就像樂團界的搞怪蠢蛋秀，但我後來發現鼠爺其實根本沒那麼醉，他酒量超好，可能就像你說的什麼耐受性造成的，但他必須要被笑，被大家拱著做一些蠢事，穿成人尿布去買清粥小菜，拿把槳坐在計程車頂亂划，用泰語向警察問路之類的，甚至把『斷片俱樂部』這五個蠢字刺在手臂上，一定要這樣才會覺得自己活著。人生走到這種地步，我不知道其他人怎麼想，但我真的替他難過。然後隔天一早他就像被洗掉記憶，一副人生重啟的樣子，我才不相信，他一定什麼都記得。

「我很想幫他，但我想先搞懂他為什麼會變成這樣，酒癮到底是他媽在搞什麼鬼？」

修哥眼眶突然泛紅，態度開始硬起來，但不得不說，這樣反而很有男人味。

同一條路上的人們，

被夾進同樣的曲折，看不到終點……

「很簡單，前面提過，我們之所以會成癮，都是跟『愉悅』的感受有關，這是理所當然的事，很少人會對痛苦成癮，像你對自己的歌聲成癮是個例外。談到愉悅感，那就離不開多巴胺（Dopamine）這個神經傳導物，姑且先把它們當成大腦的快樂夥伴吧。這群快樂夥伴平常大多窩在ＶＴＡ（Ventral Tegmental Area，腹側蓋區），對喜歡喝酒的人來說，酒精會自動幫它們鳴槍，然後這些傢伙就開始拔足狂奔，一路衝到前腦一個叫做依核（Nucleus Accumbens）的地方，有一部分則會跑到前額葉。一旦快樂夥伴闖關成功，這些區域的夥伴數量會愈來愈多，大腦的渴求與愉悅感也會愈明顯，而這條闖關路線便稱為『酬賞路徑』（Rewarding Pathway）。

「酬賞路徑大家都愛，因為它是幫助人類生存的系統，提醒我們追求需要的東西，譬如食物或性行為。但水能載舟，亦能覆舟，大腦是很耿直的，一旦把某物視為酬賞，即便傷身，還是會將它送進這條迴路，變成成癮行為的前半部；至於後半部，就是剛剛提到的戒斷症狀。酬賞路徑成為頑強的心理依賴，讓人以為喝了酒就能解決一切困境，即便哪天幡然醒悟，也會因為戒斷症狀不舒服，而不敢嘗試戒除，因此『酬賞路徑』加上『戒斷症狀』，就成了酒精成癮的始末。」

「媽的，簡直就是無間地獄嘛！昨晚他又缺席團練，結果在一間快炒店門口斷片，這次是真的被放倒。我跟鼓手阿達凌晨一點把他扛回家，鼠爺自己爬進浴缸，到天亮之前都沒有再出來。我和阿達覺得這樣下去不是辦法，於是決定幫他。」

「怎麼幫？」

「我們喝光了他冰箱裡的每一罐酒，一邊嗑零食，一邊花光他的遊戲點數。你不要以為這樣很過癮，你無法體會一整晚都在打電動、喝酒，到天亮還不能闔眼的痛苦。為了不讓他繼續沉淪，我們幫他擋掉魔鬼的誘惑，犧牲寶貴的睡眠與青春，我甚至連午覺也沒睡就趕來你這裡。但這不算什麼，你也不用覺得我們這樣很有義氣，這就是兄弟本色，就算被誤解也沒關係，這鍋我們背！」

這兩個真是人渣。

「鼠爺酒醒後只跟我說，他不想再這樣了，他想在女兒生日前把這件事搞定。他之前其實看過酒癮門診，也吃過什麼戒酒發泡錠，但覺得很不舒服，有次吃完藥不小心用酒精擦手，結果頭就像要炸開一樣，後來就放棄了。」

「沒錯，現在比較少醫院會開戒酒發泡錠（Disulfiram），因為它的任務很簡單，就是阻斷酒精代謝。如果服藥後再喝酒，體內的乙醛便會堆積，造成嚴重的噁心、暈眩，也就是讓你體驗雙倍的酒醉感，然後開始討厭酒精。然而一般人不會沒事去懲罰自己，如果不是被誰逼著吃，放棄也是可以理解的事。」

「那還有其他藥物嗎？」

「大多數都是在急性酒精中毒的情況下，當作解毒用，但鼠爺目前還不到中毒的程度。如果他決心戒酒，除了要克服酬賞路徑，更重要的，是要面對戒斷症狀。因此他可能會服用ＢＺＤ鎮靜劑，或是其他抗精神或抗焦慮藥物，畢竟他要對抗的是焦慮與幻覺，或許也會服用Ｂ群來補充維生素，看主治醫師怎麼開。另外，國外有種叫拿粹松（Naltrexone）的長效針劑，可以降低飲酒的渴求感，只是……」

「只是什麼？」

「這就像減肥的過程一樣。你覺得，減肥最重要的環節是什麼？」

「節食吧。」

「沒錯，減少食物攝取量。如果單靠減肥藥，很可能就會產生對藥物的依賴，忽略節食與運動的重要。戒酒也是一樣，一旦只依賴藥物，就像有了退路，那更不可能節制酒量。想要戒酒，最重要的還是『逐步減少飲酒量』，如果他能回到之前一天一到兩罐台啤的量，那就算成功了。」

「那你建議怎麼做？他女兒再四個月就要生日了，有辦法在這之前搞定嗎？減少飲酒量沒問題，喝光他冰箱裡的酒，我義不容辭！」

關於自己很渣這件事，他證明了兩次。

「坦白講，酒癮真的很難戒，畢竟酒精太容易入手了，我們急性病房一堆酒精中毒的患者，一出院就打回原形。所以我強烈建議他參加戒酒團體治療，逐步減酒，再配合門診藥物治療，緩解戒斷症狀。那裡的團員會彼此約束，誠實回報飲酒量，我來幫他制定減酒進度，兩週追蹤一次。頭三天會很慘，就當作試用期，一旦撐得過，再連續參加三個月的團體治療，應該會有救。此外，我希望你這幾個月能幫他找點事做，譬如替他安排個表演，找女兒來聽之類的，一定要好好規劃，你不想自己趁火打劫的事被傳出去吧。」

修哥只好照辦，因為我威脅他會寫出來，結果還是寫了。

接下來幾個月，我把鼠爺引薦到台北某醫學中心的戒酒門診服藥，並參加團體治療。一開始並不順利，他失敗了三次，經過近一個月之後才撐過頭三天。

修哥預定在米妮生日前，和其他團合辦一場表演，他還幫鼠爺寫了一首歌，就叫〈斷片俱樂部〉，不用說，我貢獻了超過一半的歌詞，鼠爺則負責作曲。

於是在這四個月裡，寫歌與練團推動了鼠爺的戒酒行程。

他把糟糕的鬍子剃掉，把斷片俱樂部的群組刪掉，假日被修哥抓去騎腳踏車，遊戲點數全部送給阿達，阿達則幫他把工作室的官方網站和粉專重新上架。

由於減酒的進度比預期快，鼠爺開始能專心修琴，在修哥的號召下，客源逐漸回流，其實是修哥把它當成樂器行的售後服務來賣。每週的團體治療結束後，鼠爺會教團體成員們彈吉他，還進行了小型的成果發表，雖然談不上脫胎換骨，但至少門面像個吉他手。

在米妮生日的前兩週，鼠爺已經回到每天一罐台啤的用量，而且沒有跳回去。至於米妮，他們已經好幾個月沒聯絡，他不敢奢望她能到場。

表演當晚，我由於先帶老婆、小孩回娘家，遲了二十分鐘才入場。現場都是鼠爺熟識的老樂手與樂團，還有團體治療的成員，每個都喊他「老師」。但我一個都不認識，只好坐在角落靜靜地喝啤酒，然後祈禱隔天不要頭痛。

〈點煙〉的前奏響起，這是屬於鼠爺的夜晚。

我終於明白修哥為什麼要獻上膝蓋，這種表演要我雙腳跪地都沒問題。不用歌詞，留白說明一切，而且還把吉米・罕醉克斯的〈Voodoo Child〉彈得出神入化，修哥只跟著哼了幾句無關緊要的合音，那是整場表演最正確的決定。安可曲是伍佰的〈鋼鐵男子〉，當他唱到那句「我需要安慰，讓悲傷的人不流淚」時，突然哽咽了起來，團體成員幾乎都跟著哭了。

同一條路上的人們，被夾進同樣的曲折，看不到終點。

結束時，鼠爺高舉著手上的空酒瓶，對現場的觀眾說：「這是我今天的扣打。」然後走下台，把酒瓶插進回收籃，接著歡呼聲把他一路送回舞台上。

他在台上深深一鞠躬，向所有對他失望的人致歉，手臂上的刺青沒有消除，而是多刺了R.I.P.（安息）在前面，變成「R.I.P. 斷片俱樂部」。

可惜，米妮從頭到尾都沒有到場。

以下是修哥告訴我的——

散場後，樂團留下來練〈斷片俱樂部〉這首歌，因為米妮沒來，只好取消表演。鼠爺悠悠地撥著和弦，彈出輕快的前奏，嘴裡唱著：

很久很久以前，有個斷片俱樂部，裡頭都是一群貪杯的大叔
大叔沒有本事，只有微不足道的心事
當我們斷片時，儘管笑吧，笑得開心點，至少我們還能取悅這世界
但是親愛的，請你別笑，至少現在不要
因為我只想讓你驕傲地笑，驕傲地笑

他不斷重複著歌詞，唱得專注而忘我，但他不知道的是，那時妹子正坐在燈控室，陪著米妮與鼠爺的前妻一起看著他唱這首歌。米妮手裡拿著衛生紙，一邊抖著肩，一邊把現場拍下來，準備上傳之前，她在標題欄寫上兩個字：

「我爸」。

自閉症類群疾患

亞斯伯格的鼓棒

謝謝爸爸固執的血，陪我面對這世界。
謝謝媽媽溫柔的淚，讓這世界接受我。

「你長得好醜！」

「沒錯，」修哥皺了一下眉頭，「你說對了！」

身為治療者，能讓一個自戀型人格患者說出這句話，差不多就準備拉砲了，因為你剛攻下了最嚴峻的山頭——讓患者浮現「病識感」。自戀型人格的病識感，就像會談室裡的哈雷彗星，閃現機率大概是一生一次，遺憾的是，我應該等不到下次了，因為這句話跟他的病識感毫無瓜葛。

時間回到三分鐘前。

「你知道『茄子蛋』吧？」修哥問。

「當然，金曲獎最佳新人，吉他彈得非常迷人，整張專輯都是高潮。」

「那他們得獎之前最紅的是哪首歌？」

「應該是〈把你的女朋友送給我好不好〉。」

「靠，你居然知道。」

「因為那支ＭＶ五年前就上架了，而且拍得非常隨興。」

「那你應該知道第一句歌詞吧。」

我點點頭，但我真心建議修哥不要再隨便問這個問題，因為他的表情似乎很享受接下來的答案。

「你長得好醜！」

故事的起點，就是這五個字。

●

「一個多月前，我們到和平東路一間酒館表演，由於老闆非常喜歡鼠爺的〈斷片俱樂部〉，在那之前的一個月我們就唱了五場，唱到口袋都滿出來了。據說老闆以前在林森北路混，是牛埔仔那一掛的，後來浪子回頭上岸開店，他本身好像也有酒癮之類的，結果聽到鼠爺的歌就跑去治療，交了一堆同病相憐的朋友，還在自己的吧檯放酒癮門診的宣傳單，搞得客人不知道該不該點酒，過程一整個激勵人心。總之，他們吧檯的女生超正！」

什麼鬼結論啊！

「結果咧，阿達這個豬隊友，就是我們那個鼓手，居然相中人家了，結局就是我們那天差點走不出場子。」

「怎麼說？」

「那天已經是第五次登台，場子就跟自家客廳一樣，大家都非常放鬆，只有阿達神色詭異。上台之前，他突然說什麼要幹大事，我們都很期待他譙總統，結果他只是想把安可曲換成〈把你的女朋友送給我好不好〉，獻給那位吧檯女生。在我的印象中，阿達從來沒有對誰示愛過，我甚至不確定他有沒有這種感情，反正機會難得，大夥就決定幫他衝了，整首歌最吃重的鍵盤演奏則由我扛下來。

「當時我一彈完前奏，『你長得好醜！』這五個字從阿達嘴裡冒出來時，現場立刻爆出一陣歡呼，接著阿達下一句又是『你長得好醜！』，整個場子嗨到翻，等到第三句還是『你長得好醜！』時，底下就有點困惑了，然後我發現一件很不對勁的事，就是他居然對著老闆唱，對著牛埔仔的角頭唱！但聽眾以為那是什麼安排好的橋段，又重新鼓譟起來，於是整首歌就一直無限循環那五個字，最後全場都在對準老闆唱『你長得好醜！』，那是我——」

「等等！」我打斷修哥，「老闆真的很醜嗎？」

「真的很醜，媽的我幹麼回答你，那不是重點好嗎！我只記得那是我人生中，最接近死亡的一刻，全都是因為阿達搞錯了一件事。」

「什麼事？」

「他以為老闆和吧檯女生搞不倫！但其實她是老闆的姪女，於是阿達在台上唱得渾然忘我，門口則圍滿牛鬼蛇神黑衣人，每個看起來都像可以隨時頂罪的那種。由於表演無法喊卡，我跟鼠爺開始泛淚，因為我們彈出的每個音符都在把自己推往地獄，而且還要裝得很嗨，情況就像要去跳岩漿口的路上還被逼著跳舞一樣。只有阿達依舊把自己當成阿信，完全沒想到這可能是他人生最後的五個字。

「老闆倒是很沉得住氣，唱完了還跟著鼓掌，當阿達起身致意時，我和鼠爺以及妹子已經在找逃生出口，很可惜沒那種東西。說實話，我當時真的有種只要一到後台，就會被套上頭套送到陽明山處決的預感，但我很珍惜生命，於是趁著結算表演費時，趕緊從阿達的皮夾裡掏出護身符，雙腳跪地把整場誤會澄清一遍。現在回想真是恍如隔世，我今天之所以能坐在你面前，那張護身符功不可沒。」

「什麼護身符？」

「**身障證明**。」修哥加重語氣，接著說：「阿達是個怪咖。他甚至不叫阿達，他的名字根本沒這個字，純粹是因為崇拜『披頭四』的鼓手林哥史達，因此很堅持要別人叫他『阿達』。

「一年多前，阿達來樂器行應徵店員。這傢伙一進門二話不說就先看鼓組，試了好幾片銅鈸的音色，還嫌無聲鼓皮太貴，磨了快半個小時才說要應徵。結果面試時他超有種，居然連正眼都不瞧我一眼，一直瞇著眼不知道在看哪，說話也沒啥情緒起伏，聲調超級平板，就像音箱壞掉的聲音，簡直就是想盡辦法不要這份工作，你說奇不奇葩。但真正引起我興趣的，是他插在背包上的那兩根鼓棒。」

「鼓棒？」

「嗯，鼓棒上有林哥史達的簽名。一看就知道是假貨，但簽得非常逼真，坦白說，我還沒有看過誰會去模仿林哥史達的簽名。雖然是徵店員，不過樂團正好缺鼓手，於是就讓他現場隨便打一段六連音過門，沒想到高手在民間，技巧還滿到位的，我當下就決定收他，現在想來也是自作孽。只不過當他前腳一走，我才發現應徵資料表上備註『輕度身心障礙』，我對這種事不熟，只好打給他媽問清楚。

「那位阿姨非常客氣，客氣到好像不管誰打過去，她都會先幫阿達道歉的那種程度。阿姨聽起來很辛苦，快六十歲還在外頭跑保險。她說阿達其實是認證工程師，在公司幹了五、六年，專業能力還算穩定，但就是輸在講話不看場合。他不太能聽從主管的指令，開會還直呼主管的名字，跟喜歡的女孩子搭話也被投訴性騷擾，社交又不積極，早就被認為是部門毒瘤，永遠升不上組長，最後只好離職。

「阿達從小就這樣，人際活動非常蒼白，個性又超級固執，所以朋友一直都只有兩、三個，那兩、三個應該也跟他一樣怪，然後大家一起被全班言語霸凌。但他不太在意，阿姨說那是因為他聽不懂別人的弦外之音，不知道是幸還是不幸。總之呢，他的溝通完全是單向的，跟信義路一樣，對於有興趣的事就一路往下講，徹底略過周圍的臉色，一整個活在自己的世界，與現實平行的世界。但他有一個地雷，就是『不能讓別人動他的鼓棒』，一動他就會尖叫，然後跟對方拚輸贏。」

「那應該是某個重要的人留下來的吧？」

「沒錯，他爸留給他的。他爸媽在他小學二年級時離婚了，算一算也有二十年。阿達跟他爸是同一個模子刻出來的，你就知道他爸有多難搞，他是銀行的系統工程師，雖然經濟條件很可以，但教小孩完全沒頭緒，而且個性也很固執。阿姨那時剛送阿達去做什麼早期療育，下班回家還要接其他家長的投訴電話，每天蠟燭兩頭燒，結果老公居然只在意每週的菜單和牙刷的位置，孩子一鬧，他根本沒轍，更不用講安撫，兩個固執的人對幹，累的就是負責調停的人。阿姨每天都在一打二，搞到後來只能二選一，不然真的會去自殺，她講到這裡就在電話另一頭哭了。這種苦光是透過話筒，都能擊中一個陌生人，你就知道她有多難熬。

「林哥史達是他爸的偶像，他爸很會打鼓，同樣的血也流到阿達身上。他爸離家的前一晚，在書桌上留下了這副鼓棒。阿姨說，他爸當年跑遍台北各大音樂教室跟樂器行，還跑去蘆國小校工，才蒐集到一堆廢棄鼓棒，然後練習寫了兩百多次終於完成，那原本是阿達的生日禮物。」

「除了打鼓，他還對什麼有興趣？」

「火車。他是個狂熱的鐵道迷，超愛聊火車，背包裡一定有那本翻到爛的ＪＲ鐵道圖鑑，腦中大概有一萬組車廂型號，那顆腦袋拿來算樂透組合不知道有多好用。他的房間採會員制，除了他媽之外，只限定我們團員進去，書桌椅是新幹線700系列的駕駛座，一張要兩萬多。房間只要有洞的地方，全都被他拿來塞火車模型，日本的、台灣的都有，喏。」

修哥拿出手機，滑到阿達的房間照片，指著一整牆的火車模型。

「你看上面有寫，這是什麼CK 101蒸汽火車啦，然後旁邊是R 21柴油機車，還有經典的新幹線500系，這些都是他的月薪。旁邊那幾十本厚厚的檔案夾，裝的全是舊車票，他沒事就上網買，去年還跑去雙溪搶什麼舊式硬車票。他最貴的一張車票是深澳線的，據說市值一萬多塊。阿達唯一去過的國家是日本，因為埼玉縣有個鐵道博物館，他最喜歡的還是蒸汽火車，只是一直沒機會坐上去。」

「蒸汽火車？」我掏出手機，快速瀏覽這幾天收到的簡訊。

「一直等到阿姨在電話那頭回復平靜，我才問到那張身障證明，原來他是——」

「亞斯伯格症吧。」我一邊關掉手機，一邊說道。

「很明顯嗎？」

「明顯到就像你能一眼看出林哥史達的假簽名一樣。」

亞斯伯格症候群（Asperger Syndrome），因為症狀類似自閉症，普遍被視為自閉症的一門分支，二〇一三年被美國精神醫學會納入自閉症類群疾患（Autism Spectrum Disorder，簡稱ＡＳＤ），「亞斯伯格」一詞則在《精神疾病診斷與統計手冊》第五版（*The Diagnostic and Statistical Manual of Mental Disorders*，簡稱ＤＳＭ－Ｖ）走入歷史。

自閉症（Autism）是一種神經發展障礙，病因不明，醫界一般傾向是基因變異或遺傳所引起。由於患者的腦部受損，導致「判讀」與「表達」系統出錯，迴路無法互通，連帶影響了語言的發展。換句話說，他們的神經系統與外界訊息是兩種不同的語系，彼此無法匹配；不巧的是，他們沒有解碼的對照表——一旦沒有那張對照表，外界訊息就只是一堆亂碼，亂碼無法建構出立體的世界觀，於是他們無法判讀別人的言行，即便破譯成功，得到的也只是表淺的意涵，這就是為何他們缺乏同理心。

反之，沒有對照表，他們也無法將腦中的訊息傳遞出去，對外在世界而言，他們的言行同樣是一堆亂碼。

這件事有時會讓他們感到挫折，「溝通能力」是他們最顯著的障礙。但這不一定會讓他們感到孤單，因為自閉症就像活在一個泡泡裡，那個泡泡有自己的規則與流程，固定的規則與重複的流程能讓他們安心，讓他們隨時活在自己的世界，不需要外界訊息的干預，而且也干預不了。因此，他們最主要的兩個臨床診斷便是「社交溝通與互動缺損」以及「重複性的儀式行為」。

「所以自閉症不像那個什麼《雨人》（Rain Man）一樣，都是會算牌的強者？」

「那是為了電影票房寫出來的劇情，真正的自閉症大多都有智能障礙。亞斯柏格與自閉症的分別，在於『智能』以及『語言能力』優於自閉症，但由於系出同門，還是保有同樣的臨床診斷，特別是溝通能力的缺損。他們讀不懂別人話中的深意或肢體語言，不會判斷現場的氣氛，那是因為他們沒有那張對照表。但在大家眼中，亞斯伯格就是不懂察言觀色，講話直白的『白目』，即便他們並不是故意的。」

「對！他講話真的有夠白目。如果看到人家買展示品，就說：『那種爛爛的貨，你確定要嗎？』遇到要還高級貨的大學生又說：『看你這種程度，還是先把基本功練一練吧，不要亂捐錢給老闆。』他最看不慣那種迷信大廠的客人，一言不合就跟人家辯到底，還用那種一板一眼的腔調，不斷重複自己的觀點，就像一台該死的壓路機，一步一步把人輾過去，而你唯一能做的，就是往他臉上貓一拳！最過分的是，他居然對那些報名吉他課的學生說：『這裡的吉他老師樂理很爛，建議你去轉角那一間學。』害我的學生全跑光。還說什麼自己只是仗義執言，那他最好去當官員，不要來當店員，好在兩個月後他就找到新工作了。媽的，早知道就派他去轉角那間樂器行當臥底。喂，你這樣一直笑真的很不專業！」

好，我承認自己憋不住，但我不相信有誰憋得住。

「就算後來沒來上班，他開團練會議的態度也一樣白目，非常堅持一定要坐左後方的座位，然後把櫃檯那種瞇瞇眼奇葩臉帶上會議桌，一副很不耐煩的樣子。我問他有什麼意見，他居然說我的歌詞很膚淺，建議我把手上的刺青去掉（修哥手上有個梵文刺青，刺的是他的第一首自創曲〈只有惡魔知道我的名字〉），因為連惡魔都不想知道這首歌的名字，你說白不白目？」

一點也不，連我都想叫他把刺青去掉。

「不過拜症狀所賜，他們對喜歡的事異常執著，看起來就像擁有某種獨門天賦，但其實都是那股執著的延伸與累積，一般人還不一定做得到。」我回應道。

「嗯，這傢伙雖然只有害死老闆的天賦，但確實是個稱職的鼓手，打鼓這件事很吃條件，不是什麼阿貓阿狗都可以玩的。爵士鼓是唯一一種需要用到人體四肢的樂器，一旦下定決心練習，就得學著把神經分成兩半，把四肢拆開來練才行，像我就打得很普通，我的天賦是寫出悅耳的旋律。」

不，你的天賦是埋沒其他團員的天賦。

「阿達的鼓點非常均勻，拍子又準，幾乎不會入錯段落，速度很有彈性，不像一些年輕鼓手沒事只會跟人比快，把大鼓的踏板當成油門在催，跟神經病一樣！他的單鼓技巧也沒話說，什麼雙擊啊、裝飾音之類的都駕輕就熟，但不耍花槍，該用才用。我想這跟他的基本功有關，他沒事就拿那副鼓棒打四連音，開會也打，顧店也打，吃飯時用筷子打，鼓棒就像從他手上長出來一樣，加上他小時候待過古典樂團，功底自然比那些半吊子厚。只可惜他耍白目，遇到太艱深或是太沒救的曲子就會故意拖拍，拖累演奏進度，這是他抗議的方法，於是一升上國三就被掃出音樂班了。」

「等等！原來如此，我終於搞懂了。」

「搞懂什麼？」

「為什麼他只有在表演你的自創曲才會拖拍。」

「我承認這是我的問題，我寫得太艱深了。」

唉。

「對了，講到拖拍我就歸蘭葩火。這團剛成立的時候，四個成員，一個只會酒醉練肖話，一個彈到一半就拉肚子，一個還故意拖拍，搞得我跟阿達好幾次在台上差點開幹，多虧我含辛茹苦地拉拔才能撐到現在。後來因為鼠爺在快炒店斷片，我只好半夜找阿達一起把他扛回家，兩人弄得筋疲力竭，就把鼠爺的冰啤酒開來喝，不知道為什麼，他當時看起來滿開心的。那晚之後，他不再堅持開會要坐左後方，也不故意拖拍，還幫鼠爺架網站，甚至邀我們進他房間，最讓我訝異的，是他願意讓我碰那副鼓棒。」

「恭喜你，從此多了一個胞弟，但到目前為止看不出有什麼問題啊。」

「問題可大了，這比他的症狀更讓人困擾！」

「怎麼說？」

「上次僥倖撿回一命之後，阿達居然還不知死活地跑回去向吧檯女生告白，用膝蓋想也知道鐵定被打槍，因為他根本沒跟人家講過話，還嗆人家的叔叔很醜，他自己就像個怪叔叔。結果那晚之後，阿達真的變成怪叔叔，雖然團練還是很守時，但臉上似乎被人揍過，鼻青臉腫的，手指都是傷，鼓棒也用膠帶綑起來，看起來像是裂開了。我問他是不是牛埔仔幹的，他就開始裝死，直到離開練團室才突然拉住我，支支吾吾地吐出一句話。」

「什麼話？」

「『我現在很想捏女生耶，怎麼辦，很奇怪對不對？』」

「你怎麼回答？」

「我只想把他捏死！沒頭沒尾要怎麼回答。後來他看我一頭霧水，就默默飄走了。」

「毫無頭緒啊。」

「是不是？連阿姨都拿他沒轍，她根本不知道阿達那段時間在幹麼，每天早出晚歸行蹤飄忽。她擔心阿達被人詐騙，所以請我幫忙。」

「等等，你有看他ＩＧ的打卡紀錄嗎？」

「你怎麼知道要看那個？」

「因為亞斯伯格的習慣都很固定，這跟先前提到的『儀式行為』有關。他們的行程通常會遵循ＳＯＰ標準流程移動，如果再配合定位系統，行蹤就不難預測，尤其是進食地點，那是最常打卡的地方。」

「沒錯，在那段時間，他每週二、五都會到龍山寺站附近的豬排店打卡，因為會送味噌湯，而且都是在晚上七點二十。於是我上個月底開始到他公司跟監，一連兩週，結果有了驚人的發現！」

「他跑去組新的樂團了。」

「放屁！我的團員都很忠誠，每個都是斬雞頭燒黃紙的，不要亂干擾我的發言。」還燒黃紙咧。

「每次出站前，他都會到『金魚缸』，就是那個捷運詢問處去換百元鈔，一次換三、四千元，他身後還會有幾個中年大叔在排隊，大家都很有默契地不看彼此。等到吃完豬排飯，他就偷偷拐進西園路附近的巷子，一副熟門熟路的樣子。」

「西園路的巷子？那不都是茶室嗎？」

「沒錯，就是『阿公店』，給六百塊交朋友那種。六百塊是三小時包廂費，裡頭有一台投幣式伴唱機，阿達一週去兩次，每週換一家，這兩家的媽媽桑都說，阿達就是在這裡被揍的。」

「所以不是牛埔仔？」

「牛埔仔真要動手，阿達早就被抬去埋了。其實很少人會在阿公店惹事，更不要說被揍，畢竟以客為尊，但阿達的行徑實在太古怪，所以名聲一下就傳開了。」

「怎麼說？」

「阿達進去之後，只做兩件事，唱歌跟摸小姐，這很正常，大家都這樣，問題是他九成五的時間都在拿麥克風。媽媽桑說阿達只會死盯螢幕拿著鼓棒唱歌，小姐找他抬槓都不太搭理，就算有，也只會講跟火車有關的事，但那邊大多是印尼和越南來的小姐，沒人聽得懂他在講什麼，也沒有人知道他到底來幹麼。

「不過阿達很老實，只要有人跟他搭話，他就給一百塊小費，原本可以任摸，但他只敢碰一下對方的腿。幾次下來，媽媽桑看到那疊百元鈔，心想阿達根本是座寶山，於是就拿把鑵子往死裡鑵，說好的四個年輕小姐換成兩老兩小，年輕的還不斷換包廂，放生他一人唱歌，甚至讓四個小姐自己玩大老二，輸的就輪流找他拿賭本。搞得阿達這傻貨什麼好康都沒撈到，反倒被店家撈了一堆油水。據說一個晚上花了四、五千塊，連半套都沒做，摸得最多的是麥克風，根本就被當凱子削。

「直到前幾週，小姐開始抱怨阿達變得很粗魯，雖然還是不敢摸胸，不過會捏小姐的小腿，甚至想強吻她們。好說歹說沒用，幾次之後，他就被圍事趕出去了。這不打緊，糟糕的是，那傢伙居然把他的鼓棒扔進水溝！這下大條了，阿達像隻瘋狗一樣撲向對方，只可惜沒幾下就被專業的摺倒，媽媽桑於心不忍才把圍事拉開。後來阿達趴在水溝邊撈鼓棒，撈了快半個小時，手指都破皮了，臉上的傷應該就是那時候弄的。只是我到現在還想不透，怎麼會發生這種事。」

「他第一次看到吧檯女生是什麼時候？」

「兩個多月前吧，那是我們第一次去酒館表演，他一見鍾情。」

「那他第一次去阿公店是什麼時候？你看一下豬排店的打卡紀錄。」

「好。」修哥打開阿達的ＩＧ，「第一次打卡，嗯，對耶，兩個月多前，比第一次表演晚個幾天。」

「你剛說他被打槍之後，沒多久就鼻青臉腫，應該就是那時開始捏人的吧。」

「所以你的意思是……」

「對那個女生一見鍾情後，他的身體起了反應，不知道在誰的建議下到茶室退火，但他根本沒開導航，在裡頭迷了路。後來被女生打槍，情感受創，以為能藉著捏女人宣洩，結果證明是個錯誤的選擇，畢竟無論是表達或處理情緒，都不是他的強項。」

「其實前兩天團練結束後，我曾找他來場漢子對談，沒有祕密的那種。對於捏女人的原因，他沒解釋，或許就像你推測的那樣，但他坦承一直以來都有性需求，只是不知道該怎麼處理，沒人教過他，他也不可能去問媽媽。這次遇到吧檯小妹，不知為何就是有股想破處的衝動，但他知道對方不會喜歡自己，或許這輩子都不會有女人喜歡自己，所以才更想摸摸女人的身體，一次都好。

「他以前的公司有個討論酒店妹的群組，那些阿宅工程師一天到晚都在嘴砲這檔事，但阿達的道行太淺，大家都建議他去阿公店玩玩就好，幸運的話還能撿到半套之類的好康，誰料得到他會被茶室削得刀刀見骨。看著他臉上的傷，我其實有點心疼，一個沒什麼心眼的孩子，也沒想去侵犯誰，只是不知道怎麼解決性需求而已。」

我點點頭，「我想，他應該是在很掙扎的情況下才踏進茶室。原本只是想撫平身體的反應，卻被眼前的世界嚇傻了。那個世界的訊息太過龐雜，規則隨時在變動，每個回合都難以預測，裝滿火車與林哥史達的腦袋，根本沒有應付這種場合的流程表，最後只好讓本能浮出身體，來面對這種複雜的流動。」

「唉，我今天來找你，就是因為不知道該怎麼辦才好，最後想說乾脆帶他去按摩店鬆一下算了！沒有啦，當我鬼扯。」

「嗯，這倒不失為一個選項。」我點點頭。

「真的假的，你贊成？」修哥的表情就像碰巧解開了一題量子力學。

「應該說，我找不到反對的理由。這種困境不只是亞斯才有，政府目前也端不出更好的對策，美國有性輔導師（Sex Surrogate），荷蘭和日本也有為身障人士打造的性服務，但台灣即便有『手天使』這種性義工，一旦浮上檯面，依舊被法界認定違反善良風俗。阿達已經是個成人了，性權等同人權，只要不是背叛伴侶或侵犯他人，那就把防護措施做足，不要染病就好。最重要的，是讓他學會『溫柔待人』。」

「溫柔待人？」

「不要說阿公店的小姐，就算是阿公都不想被他捏。想得到舒服的回饋，他就必須先溫柔對待對方的身體，這一來一往的因果關係並不難懂，只是之前沒人陪他走第一步。『同理心』一直是亞斯最大的罩門，他不懂，就耐心解釋給他聽，試著把情境搬到他面前，讓他直接感受到對方的不舒服，能做到這步，再來談感同身受。」

「所以你的意思是，要我先去捏他那雙毛茸茸的大腿嗎？」

「我覺得很有必要，別小看那坨毛，那是你提升威信的關鍵。」

他露出一種「你真的以為我瘋了嗎」的表情。

「在台灣，《身權法》雖然是保障身心障礙者權益，但服務內容與性專區的規劃都稱不上成熟。有些慢性精神與智能障礙患者，會在月初一領到社會補助就衝去做半套，那是他們最期待的一天，然後口袋就空了。有些亞斯的早療做得不錯，社會適應良好，因此得以組織家庭，有些則始終與社會保持距離，終其一生未娶，所以阿達現在遇到這問題，也是剛好而已。但這或許是個契機，即便是買來的服務，若能讓他練習『好好對待異性的身體』，起碼都好過他被當凱子削，然後深信自己是個沒救的怪叔叔。」

「那我該怎麼做？」

「兩件事。第一，帶他去按摩店之前，先將它定義成一種『體驗課程』，再把你的戀愛經驗傳授給他。」

「這有點麻煩，因為可能要花一個月才講得完。」

「沒關係，等你講完後，叫他把先前聽到的統統丟掉，學習如何避掉地雷。」

「靠！」

「總之，該如何溫柔地對待女人，你一定比他更懂，就算你不懂也要裝懂。帶去按摩，除了排解性需求，更重要的是練習同理心，等他能好好對待異性的身體，自然會收到等價的回饋。但為了避免沉溺，我建議一個月一次，畢竟這種性衝動的狀態起伏不定，如何轉移注意力才是重點，如果不放心，帶他來找我吧。」

「第二件事呢？」

「幫他轉移注意力。」我打開手機交給他，頁面是那則關於蒸汽火車的活動訊息。

仲夏寶島號，台灣一年一度的鐵道旅遊盛事。車頭是CT 273蒸汽機關車，與日本C 571同款，皆由日本川崎車輛公司製造，是日治時代名垂青史的急行列車，行程從花蓮到台東，沿途停靠六站。

我前幾天收到旅行社的提醒簡訊，車票一週後開賣，六月底首航。於是我建議修哥乾脆來場員工旅遊，反正樂團營運開始上軌道了，買個玉里到池上的車次，還能到富里車站（這一站得到二〇一七年兩岸四地建築設計大獎）拍照裝文青。

富里到池上的車程約十分鐘，足夠在車廂裡來個快閃不插電演唱，最好能以阿達的創作為主，畢竟要從性需求的衝動中移轉出來，需要有個明確的座標，寫歌是不錯的選擇。講到這裡，我覺得自己比較像樂團經紀人。

至於按摩店之旅，起先被迫喊停，因為阿達他媽媽堅決反對，除了擔心會染病，她更擔心兒子淪為火山孝子被扒三層皮。修哥為此與她周旋了一段時間，再三強調會全程陪同阿達，教他做好防護措施，並將他的狀況如實告知店家，預先結算費用，換言之就跟補習一樣，此外還保證會陪他來做心理治療，才終於讓他媽首肯放行。

阿達目前進行了三次療程，主題都聚焦在按摩經驗。他的筆記本裡頭有一堆鉅細靡遺的細節，這傢伙簡直是以田野調查的精神去按摩的，倘若稍加梳理，應該就能編成一本永遠無法出版的使用說明書。

但我們不討論細節，我們討論「感受」，討論對方的每一個動作會引發我們什麼感受，而我們的每一個回應又會引發對方什麼感受。

同理心的培養，大多是從理解自己的情緒與感受開始。這種基礎練習就像桌球對打，不同的是，這次我們必須換上對方的裝備，勝負不再是重點，重點是如何看見「別人眼中的我們」。可惜想像力是阿達的弱項，有時必須透過「角色扮演」來重建現場，才能讓他理解對方的感受。一旦他能看見那條分隔線，看見對面的場景，需要討論的，就只剩各種讓他站過去的方法而已。

第三次療程結束前，阿達的按摩店進度停在「互相撫摸對方的身體」。經由練習，他已經能溫柔地撫摸對方，同時也收到了對等的回饋。但他不打算繼續往下走，因為當前的狀態很舒服，溫柔成為一種傳接。在那之前，他從來沒有被誰好好摸過身體，即便是幫自己洗澡也很隨便。

透過練習，整件事變成一套簡單的閉合迴路，自己既是起始點，也是終點，從溫柔起手，經由互動，那份溫柔自然會回到終點。

按摩店是另一個起始點，我期待他能把這套迴路帶到日常現場，他會明白同理心是一套「通用程式」，即便沒有對應的流程表，也能透過這套程式，理解別人的感受，輸出合宜的舉止。

修哥說，仲夏寶島號首航那一天，天氣很好，連日本旅客都來捧場。他們一行人在玉里上車，阿達背著十吋非洲鼓，不若其他鐵道迷猛按快門，他慢慢走向月台的終端，遠遠地望著車頭，然後伸出右手，輕柔地隔空撫摸它的外緣，這是他們第一次見面。等到冒煙鳴笛那一刻，黑煙因風勢撲向了車站，被風稀釋的煙絲掠過車窗，阿達聽著斷斷續續的鳴聲，剛直的嘴角慢慢勾出了弧度。

行經富里時，工作人員依序到每節車廂發放紀念品，乘客紛紛朝窗外自拍。此時，

我們自己既是起始點，也是終點，
從溫柔起手，經由互動，
那份溫柔自然會回到終點。

團員們從座位起身，緩緩走到車廂前頭。阿達把鼓棒掛在脖子上，搬出非洲鼓，修哥、鼠爺各拎一把木吉他，妹子則換上木貝斯，在狹窄的走道上就定位。乘客們陸續停下了手邊的動作，場面有些混亂甚至尷尬，因為沒人知道他們在演哪齣。

修哥清了清喉說明來意，接著四個人一齊向所有乘客致歉，表示會占用大家一小段路程，舉行一場不插電演唱。恰好有個隨車人員是熱情的原住民，在他的慫恿下，眾人紛紛鼓掌。

整場演唱只唱了一首歌，長達七分鐘，歌名叫〈水溝裡的鼓棒〉。這首歌基本上就是阿達的自傳，由他本人填詞、譜曲，我負責潤稿。這是一首柔軟的民謠，阿達輕輕拍著鼓面，空氣微微震動，就像花東縱谷的風。他的故事有點長，七分鐘卻又太短，每個人都靜靜地聽，而聽過的都會記得最後那兩句副歌：

謝謝爸爸固執的血，陪我面對這世界。
謝謝媽媽溫柔的淚，讓這世界接受我。

◇◇◇◇◇◇

＊本篇參考資料：梁美榮（二〇一五）。我國身心障礙者性權之省思——不再緘默與迴避的身心障礙者的性議題。《社區發展季刊》，一四九，八十一—九十。

◇◇◇◇◇◇

多重人格

分身

是真是假？同一個身體住進好幾個靈魂，成了一座擁擠的房間。

一共有三張照片。

中間的照片，是個戴眼鏡的華裔男子，二十多歲，名字很普通。

左邊的照片，是一個外國男人，看著有點眼熟，名字非常拗口，叫做Logan Vadascovinich。

右邊的照片，則是一位著名的美國演員，名字寫著「亞瑟王」。

男人罩著白袍，身形修長，留著英式油頭，穿著合板的細格紋襯衫，腳踏焦糖色牛津鞋，甚至還繫了圓點領結，這讓那件普通的白袍看起來多了一點價值。

他不發一語，從容地從牛皮紙袋裡抽出三張紙，依序擺在我面前，每張紙各印上一張照片，背面則是簡短個資，應該都是從社群網站擷取下來的圖檔。現場沒有多餘的聲響，只留下紙張刮過桌面的聲音，粉塵在光影之間流竄。

我趨身向前，一邊端詳照片，一邊小心翼翼地避開自己的影子。

「抱歉，麻煩你幫我看看，這三個人是不是同一人？」

一時之間，會談室成了指認凶手的審訊室。

「這……」我很確定他走錯房間了。

「喔，不好意思，我到底在幹什麼。」男人輕聲致歉，口條非常悅耳，如果脫掉白袍，到博物館擔任解說員也是個不錯的選項。「大家都是同事，先自我介紹，我是二樓的醫檢師，就叫我小駱吧。」

小駱指著自己的員工證，然而這不是我第一次看到那張員工證。近兩年的員工體檢，幾乎都是他幫我抽血，他的動作俐落優雅，配上那條體面的領結，讓例行的抽血檢驗成了一項高檔的自費服務。卸下領結，我也常在醫院附近的運動公園看到他。在跑道上，我們輪流越過對方的背影，一起蹲坐在石階上喘息，流著汗，彼此頷首，那是陌生人才有的默契，但誰都沒有先開口，那是個不需要語言的場所。

「這個眼鏡男，」小駱指著中間那張照片，那位戴眼鏡的華裔男子，「搞大我妹的肚子之後，就失蹤到現在。」

小駱的妹妹也是醫檢師，出生時超過四千克，成年身高一米七七，稱不上漂亮，但輪廓深邃，也就是俗稱的耐看型。小駱的祖母是蒙古人，從未踏上台灣的土地，卻把高挑的骨架留給後裔，一家四口，除了媽媽之外全都是當籃球員的料，但最後走進球場的，只有妹妹。

女孩從小就是學霸，然而所有的籃球教練都希望她當球霸，於是從小學到大學，她一直是校隊的不動五號位——「中鋒」，負責卡位搶籃板或被架拐子，名副其實的球場藍領。她年年參加大專盃（現已改名全大運），功勳彪炳，每個球探都認定她是被醫檢系耽誤的籃球員。但比賽的歡呼聲，只會陪她穿過球員通道，無法幫她送進面試現場，也無法讓她拿到醫事執照。打過美好的一仗，在哥哥的建議下，她選擇回歸醫療體系，在醫學中心擔任醫檢師。

妹妹並不討厭打籃球，但她討厭這個骨架帶來的詛咒，這讓她的擇偶條件只剩籃球員，而這群壯漢的腦袋通常只裝戰術，沒什麼生活技術。

排除這個條件，其餘人選就像農民曆底頁的食物相剋中毒圖，不管怎麼搭配，都是死路一條。因為每當她為了聯誼而換上期待已久的洋裝時，看起來只會像個巨嬰，即便聊得投機，一旦起身，身高所產生的隔閡就會寫在對方臉上。網路上關於她的照片都不是什麼網美自拍，而是比賽照片，每一張都是她齜牙咧嘴生吞活剝對手的鐵證，拿去徵婚簡直是自殺。因此年近三十，情路依舊坎坷，幾度相親也無疾而終。

但只有小駱知道，妹妹喜歡搖滾樂，甚至把它當成擇偶條件，因此歷來出局的對象裡，大概沒人知道自己被除名的理由是因為只聽過邦喬飛或肯尼吉。她最喜歡的是Lo-Fi（低傳真）音樂，顧名思義，就是一種比較粗糙的搖滾樂，通常是因為成本限制，只好直接在車庫或閣樓裡就地錄音。這些音樂有種血性，也就是那種「我們才不鳥什麼主流市場咧」之類的魅力，聽起來就賺不了錢，反正目的在於交流，因此表演不會受到商業箝制。而妹妹今天之所以淪落到聽音樂沒朋友，全都是被她哥帶壞的，中間講到Lo-Fi這塊，我和小駱甚至一度岔題，因為我有一張Lo-Fi大團「中性牛奶飯店」（Neutral Milk Hotel）的經典專輯，交易過程曲折離奇，後來怎麼繞回正題的已經記不得了。

半年前，妹妹在公館看了一場表演，期間和鄰座的眼鏡男對上了眼。眼鏡男今年二十多歲，名片頭銜是某獨立唱片企劃組長，對國內樂團市場瞭如指掌；兩星期後，妹妹交了人生第一個男友。

妹妹年屆三十，一腳踏進初老前期，在這樣的時間點，邂逅了一位溫柔體貼又不畏年齡、身高差距的文青小鮮肉，簡直就像在人生上半場結束時，投進了一記壓哨空心球，直接追平比數。於是她幻想著今年的同學會不用再拉警報，而是直接拉禮砲。

遺憾的是，她拉的不是警報，也不是禮砲，而是一記喪鐘。

三個月後，眼鏡男向妹妹借了十五萬，理由是準備獨立接案開工作室。妹妹不疑有他，匯款當天還順道告知自己懷孕三週的消息，想當然耳，這個好消息讓眼鏡男變成了一顆越過全壘打牆的棒球，順理成章地跟這個球場說再見。

小駱說到這裡，取下了半框眼鏡，沉默了一段時間。

「你陪人墮胎過嗎？」

小駱這樣問，不是為了換取我的答案，而是換取一段沉默，而這段沉默成了講述某件要事的前奏。

「手術結束後，我看著躺在病床上的妹妹，她睡得很熟，就像每天早上等著我去叫醒她一樣。或許是病房的味道起了作用，那天下午，我突然很擔心她再也不會睜開眼。我知道依她的個性，她醒來後會原諒一切，不會對誰失望，就當作繳學費，因為她對這件事從來沒抱期待。身為哥哥，除了讓拳頭變硬，我想不出第二個反應，但這是她自己的選擇，無論折損的是金錢或骨肉，都無從怨懟，一直到發生了這件事——」

我指向那三張照片，小駱點點頭。

「妹妹從手術後到現在，一直嘗試聯絡男友，想知道他的去向，想知道究竟發生什麼事。後來我們才發現，把喜歡搖滾樂當成唯一的擇偶條件，依舊是死路一條。」

小駱先拜訪了名片上的唱片公司，工作人員表示眼鏡男早已離職一年，當初他工作不到兩個月便和女同事發生關係，借了十萬元後隨即人間蒸發，女同事則因為情傷而留職停薪半年。

在工作人員的協助下，小駱找到那位女同事，她說眼鏡男的父母都是果菜攤商，兩人辛苦大半輩子就是為了一圓孩子的文青夢。但只怪寶貝兒子不爭氣，成天說要策展搞文創，背地卻留下一屁股運彩債，而他的一貫伎倆就是攀上比自己年長的女性，騙個十幾二十萬，即便東窗事發，對方也會礙於情面隱忍。

至於所謂的人間蒸發，底牌並沒有多高明，大多是躲回老家衣櫃讓母親收拾殘局，女同事甚至把他母親的電話留給小駱，以一種同仇敵愾的態度。

另一方面，眼鏡男自從失蹤後，臉書動態便未再更新，妹妹為此連續私訊他一個多月。就在這個月初，眼鏡男終於回應了，以一種迫於無奈的姿態。但此時聊天室突然加進兩個素未謀面的傢伙，那兩人一開口便不留情面地噴垃圾話，砲火猛烈，要她認清現實。

小駱從牛皮紙袋裡掏出一疊頗有分量的對話紀錄，翻到某一頁交給我，若把那些文字集結成冊，就會是一本用來汙辱女性的辭海，倘若這本辭海不慎流入總統府，相信不用小駱出手，他應該半夜三點就會被特務查水表了。而那位姓氏奇特的外國男子，甚至還把一部分對話紀錄公開在板面遊街示眾，寫著「終於搞定一個死纏爛打的老女人，心好累」。

這件事，踩到了小駱的底線。

他示意我往前翻閱其他的對話紀錄，這部分他整理得非常詳細，「我懷疑這兩個人其實是眼鏡男的分身，也就是假帳號，如果事實成立，我就要告他公然侮辱。」

「怎麼說？」

「我發現這三個帳號有一長串的『共同好友』，於是我一個個傳訊息問這些好友，問他們是否認識另外兩人。結果不意外，沒有一個人見過他們，沒人知道他們的底細，只知道他們自稱是眼鏡男的朋友，這些人會把他倆加為好友，也只是為了增加自己的人氣，沒人在意那是不是假帳號。不過有件事，引起了我的注意。」

「什麼事？」

「我翻了眼鏡男這三年來在臉書的活動紀錄，發現他一旦和其他人起爭執，這兩人都會現身護航。曾經有人詢問他們的身分，眼鏡男只說這兩人是他的同事。不過我不信，你往下翻。」

小駱指著那一大段畫上紅框的部分。

「首先，這三個人的語氣十分相近，說話時都會穿插幾個英文單字，但這不是重點，重點是他們都拼錯了同一個單字，而且還不只一次。

「第二，如果仔細看內容，就會發現他們幾乎是接力發言的，之間沒有任何空隙，就像事先打好了一篇文章，然後依序分給三個人一樣，每一段都分得恰到好處。除了開分身，我想不到其他這麼有默契的接話方式。

「第三，這兩人的社交軌跡一片空白，幾乎沒有任何活動或拍照打卡的紀錄。」他把那兩張照片翻到背面，「就連個資也不明確，只有興趣和所在地與眼鏡男一模一樣。於是我請大學同學幫忙追查這三人的ＩＰ，他是個資深軟體工程師，不出所料，三個帳號的ＩＰ位置一模一樣，於是我決定找那三個人攤牌。」

「你怎麼做？」

「我先把ＩＰ位置的追查結果分別傳給其他兩個人看，他們先是很有默契地堅持與眼鏡男不熟，彼此也不熟，只是被他找進來參與對話，做做樣子。但談到ＩＰ這件事情時，訊息就已讀不回了。」

「與眼鏡男不熟，兩人彼此不熟。」我喃喃自語，然後標註在對話紀錄上。

「最後我把追查結果傳給眼鏡男，問他是不是開分身，如果是，請他公開向我妹道歉，否則我要告他公然侮辱。」

「他怎麼說？」

「我覺得他根本不怕被揭穿這件事。你看手上的紀錄，他只回我：『開分身又怎樣？反正我有精神分裂，你覺得法官挺誰？』」

「精神分裂？」

「我當時也愣了一下，這跟我之前聽過的症狀不太一樣，所以我做了功課，才發現他指的應該是『人格分裂』。」

「沒錯，很多人會將這兩種症狀混淆，你比他認真多了。」

精神分裂（Schizophrenia）已經是歷史名詞，在台灣早更名為「思覺失調症」，這是一種精神疾病，由於案主的思想跟感官經驗「不一致」，因而產生了與現實斷裂的感受，譬如妄想（擔心有人跟蹤，卻始終找不到這個人），以及幻聽（電視明明關掉了，卻聽見喇叭一直發出人聲辱罵自己）。這裡的「分裂」，指的是因為精神與行為能力的缺損，造成與現實脫節的狀態。

人格分裂則是一般所謂的「多重人格」或「雙重人格」，正式名稱是「解離性身分障礙症」（Dissociative Identity Disorder，簡稱ＤＩＤ）。顧名思義，就是同一個身體住進好幾個靈魂，成了一座擁擠的房間。但由於它的能見度低於精神分裂一詞，因此若有個外行想冒充這種病症，極有可能會被「分裂」這個字根誤導，望文生義，說自己有精神分裂。實際上一個是精神症患，一個是解離疾患，兩者天差地別。

「就當他口誤好了。那他在和你妹妹交往的這幾個月裡，有發生過短暫失憶的症狀嗎？譬如飯吃到一半，瞬間忘記自己身在何處，或打死不承認電影票是自己買的之類的？還是有那種突然回神之後無法接話的狀態？多細微的情況都可以。」

「妹妹沒跟我提過，不過沒關係，我馬上問她。」小駱掏出手機。

「等等，再順道幫我問一下，他有沒有話說到一半就突然轉換語氣，就像變了另一個人，或是穿衣風格、飲食或音樂品味反覆無常的情形，尤其是喜歡的音樂類型突然翻轉的狀況。」

「好，沒問題。」小駱一邊撥電話，一邊離開會談室。我趁此從書櫃抽了一本書，那是一本很有名的書。

約莫十分鐘後，小駱回座。

「我連那位女同事都問了，她和我妹都說眼鏡男沒有那些症狀。我妹說他們幾乎沒吵過架，他的日常喜好很穩定，最喜歡的還是Lo-Fi樂團，至少這點他很忠誠。」

我點點頭，把手上那些對話紀錄重新爬梳一遍，輪廓已然成形。

「所以，他到底算不算人格分裂？」

「目前還不能確定，但我能確定的是，他應該早有預謀。」

「什麼意思？」

我拿起左邊那張照片，外國男人那張。我終於想起來他是誰，正是以Lo-Fi聞名的「人行道樂團」（Pavement）主唱史蒂芬・馬克摩斯（Stephen Malkmus），但名字卻換成了讓人摸不著頭緒的「Logan Vadascovinich」。於是我把手邊的書遞給小駱，大家應該都猜得到，那本書就是《24個比利》（*The Minds of Billy Milligan*）。

「主角比利有兩個很重要的人格，一個是雷根，一個叫亞瑟。對其他人格來說，比利的身體是一個大家庭，雷根則是個負責保護家庭的猛漢，而他的全名是Ragen Vadascovinich，姓氏來自南斯拉夫。我想他使用的這個帳戶名稱，八成是參考了這本書，只是把名字修改為羅根，至於照片，應該是眼鏡男本身的偶像。」

接著我指向右邊的照片，「你看另一個人叫什麼名字？」

「亞瑟王。」

「在書裡，亞瑟是英國人，是個像管家一樣的存在，負責決定每個人格的話語權。照片顯示的是美國演員艾德華・諾頓。他在電影《驚悚》（Primal Fear）與《鬥陣俱樂部》（Fight Club）裡飾演多重人格患者，口音轉換流暢。這張照片，正是他在《驚悚》裡的劇照。也就是說，這兩個帳號早有伏筆。」

「天哪，根本就有備而來，所以我們只能等著挨打嗎？」

「那倒未必，正是因為這樣，反而讓他露餡了。」

「怎麼說？」

「因為他的表現，跟多重人格患者的真實病態並不一致，而且幾乎朝反方向走。」

首先，多重人格是一個會讓患者感到十分恐懼的疾病，因為他的身體就像一台數據共享器，大家輪番進駐，隨插即用，以最簡單的概念來說，就是「附身」（Possession）。案主遭到附身後，意識會被完全壓倒，因此他本人不一定擁有主控權。他不知道自己的身體何時會被接手，會被占用多久，一旦輪到其他人格使用，本人便會喪失記憶，就像切換電視頻道一樣，被遙控器轉台後，不知何時才會切回原頻道，就算切換回來，跟原來的劇情也銜接不上。於是他的人生就像不斷被閹割過的影片，每次一睜開眼，就被傳送到各種陌生的場景，面對這種情況，患者本人肯定開心不起來，甚至害怕被人發現這件事。

在我工作的這幾年，只接過一例雙重人格案例，案主第一次推開會談室大門時滿臉驚恐，就像走路走到一半被誰綁過來一樣。他沒聽過我的名字，也沒來過我們醫院，他原本在新竹某醫院治療得好好的，硬是被表哥叫過來這裡，而且還說不出表哥的身分。由於整個情況太荒謬，我只得致電給他在新竹的心理師，才得知「表哥」正是他的次人格。

但眼鏡男卻毫不避諱，甚至大剌剌地跟小駱自白，就情緒表現而言，他似乎很沉醉在人格分裂患者的形象裡，對於一個隨時會被附身的人來說，應該沒人比他淡定了。最合理的解釋，就是他把這個疾病當作脫罪的籌碼，因此樂於展示。

第二，「失憶」是解離疾患最核心的症狀，因為解離（Dissociation）指的正是一個人與自身意識「脫離連結」的狀態，但他居然一次都沒有發生過，而且一連幾個月都沒出現。若他真的有多重人格，亞瑟王身為管家，應該早在他們交往當天，第一時間跳出來跟妹妹打招呼，順便請她拜碼頭，通常這時候女方就會嚇到吃手，接著提分手。而且根據對話紀錄，這三個人的對話銜接得行雲流水，不像一般患者在進行人格轉換時會有個頓點，才剛失去意識的主人格，居然能迅速融入對話，看這些對話，我腦中浮現的是他拿著一支手機切換帳號的畫面。

第三，多重人格跟職場一樣，都有主次之分。依照病程發展，主人格一開始不會知道次人格的存在，甚至拒絕承認他們的存在，因為他無法對自己解釋整件事的來龍去脈。主人格大多是藉由其他人格在生活中留下的線索或痕跡，來得知次人格的身分，次人格之間的意識則是互通的，這是他們的溝通方式。但本案可疑的地方在於，假設眼鏡男是「主人格」，另外兩個是「次人格」，兩個次人格卻宣稱與主人格不熟，彼此互不相識，這完全違反發病機制。畢竟次人格的存在，就是為了「保護案主」（多數是阻止案主自殺）。他們各司其職，負責應對各種不同的困境，嚴格來說，這些人格就是案主通關時的各種必殺技，讓案主得以與壓力脫鉤，於是解離成為一種防衛機制。因此若要增加說服力，應該要立馬承認「我們就是來幫他的」，但這兩人卻做出完全相反的回應，倘若眼鏡男詐病，這就表示他看到小駱的ＩＰ證據後一時心虛，畢竟沒有多重人格的罹病經驗，不可能在瞬間做出真實的病症反應。

第四，從對話紀錄以及小駱蒐集的資料看來，這三個帳號的性格毫無區別，光是這一點就不足以被稱為多重人格，叫「複製人格」還比較切題。眼鏡男雖然在照片與帳號上動了腦筋，但要捏出一個完整的人格卻沒有想像中簡單，因為這個人的習性必須從頭到尾保持一致，尤其從爭執中，很容易看出來他們對衝突處理的差異。以真實案例而言，眼鏡男若與人發生爭執，應該要選擇擺爛裝死，南斯拉夫人會直接爆氣，亞瑟王則會參與調停，一個是打手，一個是軍師，但這麼精采的劇本居然沒有出現在對話裡，那裡只有一堆等著被告公然侮辱的證據。

更有甚者，這三個人的「智力表現」都應該有所差異，這部分可藉由事後鑑定得知。倘若眼鏡男想玩真的，就應該要用心經營這兩個假帳號，讓他們看起來像個性格迥異的活體，一旦挨告，至少還有證據拿得出手。但這樣搞除了勞心費力，還有被專業鑑定翻盤的風險，因此選擇偷懶，而「偷懶」正是詐病案主破功的主因。如果有心詐病，人格分裂絕對是我最不推薦的選項，ＣＰ值真的太低。

最後一點，多數患者都有幼時遭「凌虐」的經驗，包括遭毒打或性侵。幼時是人格養成的黃金時期，也是人格最容易被撕開的階段，因此若是創傷過深，他們只好說服自己「這個人不是我」，一旦能說服成功，轉交給其他人格代為承受，「這件事就傷不了我」，對於受虐的孩子來說，這其實是一件令人哀傷的事。但若真如眼鏡男的女同事所言，這傢伙儼然就是個媽寶，因此我找不出必須有其他人格替他分擔痛苦的可能。

●

小駱專注地抄下我說的每一句話，在我們相處的五十分鐘裡，我可以毫不費力地想像他和妹妹之間的感情。

最後我拿出白板，寫出以下的結論：

- 本人通常會極力隱藏身為多重人格患者之事實，本案恰好相反。
- 多重人格患者必定伴隨記憶喪失，本案則無。
- 主人格通常不知道次人格，次人格彼此互通，本案不符。
- 本案主次人格的性格表現幾無區別。
- 主人格通常有遭凌虐的童年經驗，本案疑無此情形。

臨走前，我叫住小駱。

「這些都是透過二手資料做出來的假設，既不客觀，也沒有任何鑑定效力，只能當作參考，講白一點就是自爽，無法證明他真的詐病。若你決心提告，法院應該會再指派其他醫院進行司法鑑定，但如果需要更詳盡的資料，我可以出一份今天的會談紀錄，還有其他的相關文獻，這兩天一併寄給你。」

「謝謝。」小駱微微舉起手中的牛皮紙袋，「這些應該就夠了，我再整理一下，到時候直接找他家人談。」

「嗯，但如果可以，我建議還是先問妹妹的意見。發生這種憾事，沒人知道她是怎麼過的，關於她的感受與意願，我認為應該要擺在第一位。」

小駱嚴肅地望著我，然後拍拍我的肩，「謝謝提醒！這樣吧，不管結果如何，下個月我值白班，下班後來我辦公室，我請你喝一杯。」

到醫檢室喝一杯？

「別懷疑，身為化學人，調酒對我而言，只是一道乙醇與輔料的精密配比過程。」

兩週後，晚上七點，我推開「Staff Only」的門，穿過檢驗科的長廊，血清組與鏡檢組都還在作業。

小駱起身向我招手，領我到會議室，而會議桌已擺上兩杯威士忌可樂，連冰塊都鑿好了。

「結果怎麼了？」

小駱聳聳肩。

「妹妹拒絕了。她一翻完那疊資料就開始哭，淚腺無限供應，一下殺得我措手不及。你要知道，這女漢子在拿完孩子那天，還有被那三個帳號圍剿當時都沒哭，就是個死硬派，可是那晚卻抱著我哭得唏哩嘩啦的。那時候，我腦中湧出了很多她小時候被教練罵哭的畫面，但我卻不太記得該怎麼安慰她，唉。」

小駱示意我喝酒。

「後來我冷靜下來，才發現自己可能真的做錯了。那份資料最大的作用，就是再次確認她被一個男蟲騙財騙色而已。況且就算衝去他家攤牌，把對方告倒了，也不是妹妹想要的畫面，現在想想，我實在太不冷靜了。」

「幹麼要冷靜？身為一個哥哥，有這種反應才正常啊。或許她哭，是因為看到了你的心意，感受到你想為她做點什麼的焦急。失去男友，得到家人，關係的輕重，在那一刻傾斜得很清楚，而這種傾斜是一種很甜蜜的角度，的確值得流淚。」

「你超會安慰人。」

「我靠安慰人吃飯。」

然後我們很有默契地舉杯。

「我後來想想，你妹妹其實跟眼鏡男有個相同的地方。你知道古羅馬詩人堤布魯斯（Albius Tibullus）嗎？」

小駱搖搖頭。

「我也不熟，但他有句名言：In solitude, be a multitude to yourself.（In solis sis tibi turba locis.），意思是『孤獨的時候，一個人要活得像一支隊伍』。

「無論是眼鏡男或是你妹，都實踐了這句話，只是處理靈魂的方式不太一樣。前者把靈魂拆成一支隊伍，分散風險；後者則把靈魂整合得像一支堅強的隊伍，獨自對抗世界。處理靈魂的方式沒有對錯，它讓前者活成了人格分裂，後者活成了死硬派。但我覺得詩人應該比較喜歡死硬派，死硬派搖滾多了。」

「那就一起敬死硬派吧。」小駱露出溫暖的笑容，我們舉杯一飲而盡。

倘若有任何死硬派正在看這篇文章，不要忘記，曾有兩個男人為你舉杯。

思覺失調症

龍王的動物園

孔雀知道，龍王是唯一能聽懂動物話的人。

一切都是孔雀的陰謀！

我跟「龍王」第一次見面時，他的開場白並不是什麼「你好」，也不是「請問我什麼時候可以出院？」，而是那句讓人摸不著頭緒的——

「一切都是孔雀的陰謀！」

若要幫懸疑小說寫個開場，那他無疑展現了非凡的潛力。

先說說龍王吧。

龍王今年二十五歲，身材高瘦，下巴是稀疏的鬍碴，對話時沒什麼眼神接觸，總是盯著對方的頭頂。根據紀錄，他家裡經營螺絲工廠。他從小喜歡動物，書房有一整櫃動物圖鑑。國中畢業時，他放棄公立高中，堅持要讀當地農工的畜產保健科，憑著優異的生物成績，校排一路領先。

不幸的是，高二那年他突然發病，患的是精神分裂症（現已更名為思覺失調症），他開始篤信自己是深海龍王轉世，並頻繁地與動物對話，不只跟校犬抬槓，也與水池的烏龜和錦鯉談心，海陸兩棲通吃，自此，「龍王」的名號不脛而走。當然，他也沒躲過同學的嘲諷，所幸當時直播風氣未盛，龍王的下一站只是被送進急性病房，而不是躍上影音平台。

精神分裂症（Schizophrenia），現已更名為「思覺失調症」，為的就是要緩衝「精神分裂」這幾個字所帶來的汙名化效應。

在老一輩的心中，這種疾病的轉譯詞就是「肖ㄟ」，因為對多數人而言，他們是「脫離現實」的一群，思考與感覺都出了問題，對應症狀就是「妄想」與「幻覺」，還伴隨一些混亂的言行舉止。

妄想（Delusion），指的就是一種讓患者「十分堅信，卻是憑空臆測，不切實際的想法」，類型有很多種，比較常見的有：被害妄想、誇大妄想（自認為是宇宙之王）、關係妄想（認為路人說的話都和自己有關，電視裡的人都對自己開罵）以及嫉妒妄想等。至於幻覺（Hallucination），則是指在缺乏現實感官刺激的情況下，所產生的感官知覺，亦即「感受到現實不存在的事物」。至於治療方法，大多都是服用抗精神藥物，也就是所謂的「血清素—多巴胺拮抗劑」（Serotoin-Dopamine Antagonists，簡稱ＳＤＡ）。

就龍王的案例，所謂「妄想」，就是他所堅信的自身身分，其實只是個不存在的傳說，而且還有誇大傾向。而「幻覺」則是他能聽懂動物的語言，還能與之對話，心靈相通。

受思覺失調所累，龍王一直到二十歲才勉強念完高中，即便免役，工作情況也不穩定，偶爾到動保協會當志工，直到半年前才經由姑姑介紹，到一間南部頗負盛名的私人動物園擔任助理飼養員。那地方我去過一次，動物容量與品種數居全國之冠，園區常有鴿子盤旋，飼料販賣機比洗手台還多，充分滿足了人類寧願花時間餵動物也不想餵小孩喝奶的意願。然而接下來的故事，卻會讓我開始猶豫，是否要再踏進任何一間動物園。

「你知道動物園裡，講話最大聲的動物是誰嗎？」

我指向他，順便測試一下。

「我是龍王，龍王是神的一種，跟有肉身的動物不一樣。」

果然。

「那……應該是獅子吧。」

「哼。」龍王冷笑了一聲，突然作勢對空氣咬了一口，有點像在打噴嚏。龍王表示這是一種「吞龍珠」的動作，每個人在說話前，思想都會像對話泡泡一樣浮在頭頂上，形成龍珠。而他從不直視對方，為的正是追蹤龍珠的動向，一旦這些龍珠被他吞下去，你的內心世界將無所遁形。

「你以為獅子是萬獸之王，喊水就會結凍？你錯了，在園區裡真正有輩分的，是孔雀。」然後他開始打嗝，據說是為了把空的龍珠殼吐出來。

「孔雀？」

「老闆養的孔雀。牠是老闆唯一的親信，任何重大的決定，老闆都只會問牠，就像那個什麼世足賽的章魚哥一樣。如果整間動物園失火，老闆應該只會救牠。」

龍王說，半年前他剛進去的時候，動物園生意慘澹，一天只開了兩班接駁車，加上雨季長達一個半月，根本沒人要去。溼冷的天氣讓動物開始生病，所有動物都拒絕見客，跟DM上的圖片完全是兩個世界。當時龍王每天都在幫忙餵藥跟清排水溝，一直到第三個月才拿到薪水，但老闆免費供應食宿，於是他決定幫老闆一個忙。

他剛進動物園時，是由他的師父，也就是正牌飼養員祥仔負責帶他。祥仔的頭上有道長疤，講話嘴歪歪的。

龍王除了清理園區，照料孔雀的任務也落在他身上，雀舍就在行政辦公室後方，獨立成舍。

從第一天起，他就發現孔雀一直想找他講話，但在龍王眼中，孔雀還不夠格找自己攀談，加上他不想讓工作人員發現症狀，於是選擇按時服藥，但下場就是聽不清楚動物說話，也不太能吞龍珠。他每天負責消毒場地，挑選合格的玉米餵食，半個月除蟲一次，經過三個月觀察，卻意外發現一個驚人的事實：

鴿子都只是信差，孔雀才是扛霸子兼智囊。

各個動物區會定時將意見與現況彙報給鴿子，傳達給孔雀之後，再統一由孔雀下達指令。於是在領到薪水的那晚，他決定停藥，問問孔雀有何貴幹。

「很高興認識你。」這是孔雀對他說的第一句話，他望著浮在孔雀頭上的泡泡，一口咬下，然後突然感應到，在他們離別時，這句話似乎還會再出現一次。

孔雀知道龍王是唯一能聽懂動物話的人，牠想給老闆一個建議，幫助動物園度過凜冬。

「你要不要上網看看動物園現在變成什麼樣子？」

龍王似乎很期待我做這件事。

一旦病人的要求有妄想傾向，最好的方式就是不反駁，只要確認沒什麼傷害性，就順著要求往下走，但這並不代表贊同他的立場，而是「正在試著理解他」。

於是我拿起手機，打開動物園粉專，赫然發現動物園已徹底改頭換面，而且是那種會讓人誤以為遭其他財團接手的程度。

首先，動物園做了一個大膽的決定，它沒有所謂單一票價，而是完全以「行程」來決定遊園價位。整座園區大約有十來種行程，主要以「年齡」、「財力」以及「身分」來區分受眾，每種行程都有各自的遊園動線與動物品種，園區地圖還煞有介事地比照台北捷運，製作相仿的路線圖。

依照年齡層，園區規劃出五條行程，分別是：「兒童線」、「青春線」、「青壯線」、「長青線」以及「樂活線」。兒童線大多集中在餵養行程與人偶表演，另可免費使用兒童遊戲室，配有專人看護，還能餵金魚跟兔子。長青線的行程多接近用餐區與休息區，還可免費領取水果（免費很重要）。樂活線則會有來自日本進口的動物，例如丹頂鶴，或是能勾起日據時代回憶的大象等。

若以財力區分，則有：「福利線」、「菁英線」以及「尊爵線」，價位逐級調漲。福利線是專門開放給「低收身分」民眾的免費遊園路線，但僅限於某些動物，入園時數也有限制。菁英線可當作加值行程，主要是能與進口的珍禽異獸互動。尊爵線除了複製菁英線行程，還配送豪華座車送你到每個分區，車上有無限供應的果汁與輕食。若不想下車（我不懂為什麼），隨行的專屬導覽員會留在車上解說，下車餵食時會附贈手套與進口清潔液，並享有最高等級的意外險服務，一天僅限三組。

若以身分區分，大多會限定資格，譬如有：「情侶線」、「壽星線」、「學者線」、「勇者線」以及「梭哈線」。情侶線會安排雌雄成雙的動物區，並提供打卡熱點。壽星線必須為當日壽星，可自行選擇任一行程，統統六折。學者線可以在爬蟲館與標本館泡一整天。勇者線則是類似非洲體驗之旅，也就是把你放到野外，坐在籠車裡等著被老虎、獅子嚇到挫屎，這部分有年齡與慢性病史限制。梭哈線就像樂透彩買全餐一樣，只要口袋夠深，每個分區都能玩一輪，但限定一天之內完食。

「你看到的這些路線，都是孔雀向我提議的。」

龍王說，孔雀跟所有動物商量好，達成共識後才想出這套方案。之後，龍王每天凌晨都到雀舍抄筆記，為了聽清楚孔雀的話，他連續好幾天沒有吃藥，動物們的八卦每晚在空中流動，這讓他很難專心，精神開始恍惚。好在孔雀的態度很友善，他們偶爾也會聊心事。

一星期後，他將整理好的筆記交給祥仔，然後向他坦承自己能聽到動物說話。沒想到祥仔聽了竟然一派從容，他聽說祥仔好像帶有乩身，這種事應該見怪不怪，但關於祥仔的履歷，我就沒什麼興趣往下聽了。

兩星期後，老闆在例行週會上接受了這份提案，祥仔則拿到一筆優渥的提案獎金，經過行銷部門優化細節，園區便正式進行改造。依照行程區分價位後，遊客明顯增加，園區逐漸恢復生氣，大家不會再花冤枉錢去看自己不想看的動物，老人可以多花一點時間在餐廳吹冷氣，家長可以在小孩看表演時喘息，情侶多了去處，只想跟無尾熊、企鵝自拍的也可以跳過一般行程。

接下來兩個月，營收噴發了，粉專人數激增，只要輸入關鍵字，第一條就是園長接受採訪的新聞。

龍王覺得自己終於做對了一件事，他感到與有榮焉，但又不能失去工作，於是在他決定繼續服藥的前一晚，去找孔雀道別，卻無意間聽到了牠跟鴿子的對話。

「再讓老闆多賺一個月吧，告訴無尾熊，牠們下個月就可以休息了。」

孔雀這句話讓龍王感到困惑。等鴿子離開後，他走向孔雀，沒想到牠面不改色（事實上也看不出牠的表情）地說：「無尾熊說，牠們不想再看到那些尊爵線的遊客了，每個人都不想下車，這樣牠們沒辦法觀察，拿不到積分，對牠們不公平。」

「積分？」

「但比賽就是這樣啊，竟然還要罷工，有時候動物就像人類一樣，也滿愛計較的。」

「比賽？」龍王愈聽愈糊塗。

「唉，你這個神棍！」孔雀看著龍王，說了一句重話，「虧你還說自己是龍王，吞了那麼多龍珠，結果竟然完全狀況外！」

龍王想回嘴，但他真的完全狀況外。看到他這副模樣，孔雀開屏了，沒想到孔雀居然可以因為嘲諷人類而開屏。

「動物園的改造，不是為了增加園區收入，而是為了『方便觀察人類』。」孔雀接著說：「其實世界各地的動物園都會舉辦類似的比賽，這是動物之間的默契。這座動物園經營了十五年，今年是第三次辦比賽。我們依照人類的年齡和財力進行分類，分下來大概十幾類，因此才規劃出各種行程，分配給每隻動物觀察。每一區的動物大概都會觀察三到四類，年終必須針對其中一類發表結論，交給鴿子傳達。所有動物都要進行評分，比賽週期是四到五年，總積分最高的動物，下次可以優先選擇要觀察哪種人類，以及當我的副手。」

「觀……觀察這個幹麼？」龍王說他那時候開始感到緊張，眼前明明是比自己弱小的生物，四周也一片漆黑，但正因如此才嚇人，好像他只要說錯一個字，誰就會從他身後跳出來把他吞了。半夜的動物園，人類才是弱勢。

「蒐集情報啊。最了解人類的動物是貓、狗，只是牠們進不了動物園，沒人想去動物園看家畜，所以我們無法互通情報。但其他動物也想了解人類，各式各樣的人類，不看動物而忙著自拍的情侶，一邊逛一邊抱怨無聊的老人，把小孩丟在育樂室的家長，進動物園卻躲在遊園車裡的有錢人。可惜的是，並不是所有的人類都能被每一隻動物看到，所以才會採用分配制，而這也是最有效率的方法。」

「為什麼想了解人類？」

「你之前說你有一大堆動物圖鑑，我也沒質疑你啊。憑什麼只有你們可以了解動物，我們不能了解人類？」

「那你們……有什麼目的？」

「那你們又有什麼目的？」孔雀反問：「一定要有目的嗎？我們不能研究嗎？人類

也天天研究人類啊。你們會這麼害怕，還不是因為你們不信任其他生物。人類在動物園只信任柵欄，只要動物一跨過柵欄，麻醉槍就待命了。但沒關係，你們只是想保護自己，我們也一樣。動物每年都在減少，我們得知道人類在想什麼，才能找到對策。不過人類真的很難懂，要不然這個比賽也不會一直辦下去，每年的結論都差太多了，這表示大家觀察到的都不太一致。」

「你們應該是因為被抓進來，想著哪天要一起逃出去，才開始研究人類吧？」

「我真的很懷疑你是不是龍王耶。你的龍珠都白吞了，居然連動物在想什麼都不知道。你以為大家被抓進來很可憐？你錯了，大家是爭先恐後等著被抓進來的。為什麼？因為外面根本不能住啊。」

龍王這時很確信自己吞的是口水，不是龍珠。

「在天上飛的，不是被射下來就是被空汙害死。住海裡的，不是被捕上來就是吞一堆垃圾死掉，有時還兩種死法一起發生。路上走的，扣掉那些能吃的、皮能賣錢的、適合被抓去做實驗的，全都只能往森林裡逃，結果現在一堆人跑去偷鋸木頭，天氣又爛，連森林也保不住了。但這還不是最慘的，最慘的是那些當寵物的，失寵後就等著安樂死。你說，哪裡比動物園還安全？有吃、有住，有人照顧，還能觀賞各種不同的人類，根本沒動物想逃。以前在戰爭時代，前輩是處心積慮往外跑，畢竟一旦發生戰爭，動物就等著被處死，因為怕我們跑出去傷害人類。如果糧食不夠，屍體還會被吃，連鱷魚都有人吃。但是現在時代不同了，我們只想過得舒適一點。

「坦白說，我們一點都不討厭人類。要說討厭，倒不如說無奈，弱肉強食，輸了就是輸了。倒不是因為我們笨，而是人類的征服欲望跟求生意志實在太強大，我們只好觀察贏家，看看我們怎麼輸掉的。後來我們發現，人類之所以能贏，靠的就是團結，因為人類認為自己最聰明，而且很堅信這件事，因此整座動物園必須團結起來，才能蒐集到各種訊息，讓動物們更了解人類。」

「然後準備反撲嗎？」他想像著那畫面，少了柵欄跟麻醉槍，人類就跟螞蟻一樣。

「反撲？那是弱者才需要的東西。你們完全忘記了一件事耶，地球本身就是最大的動物園，如果把物種分成人類與其他生物兩派，按照數量和比例，人類才是被觀賞的那一方吧。況且在大自然面前，反撲根本沒有意義，什麼生物都得看它臉色，光是來個板塊移動，大家就絕望了，就算你是龍王也躲不掉。其實大家也沒有很嚮往野外生活，只是一直看同一批人有點厭煩，因此才會隔幾年重新分配不同的人類，換換口味。反正只要我一聲令下，每隻動物都會開始裝死，一旦收入往下掉，老闆就會想改造動物園。」

「不對啊，如果沒有我，你們要怎麼辦比賽？」龍王突然想到這件事。

「你還記得當初怎麼進來的嗎？」

「我姑姑找我來的，他說這裡缺人，然後我就來面試了。」

「事實上根本不缺人，園區原本就不缺助理，那是你師父祥仔的意思。」

「祥仔？」

「祥仔本身是乩童，也能跟動物說話。老闆是個有點迷信的人，十幾年前把我從泰國買過來，孔雀在泰國被當成神獸，因此說話很有分量。來台灣之後，我意外發現祥仔可以跟我對話，因此老闆會透過他來問我很多事，但很多都是我亂講的，只要偶爾開屏一下，老闆就以為得到答案，然後他自己就會去解釋我的答案。動物園之前兩次改造，也是事先預定好的比賽，由祥仔負責傳達的。」

「然後呢？」

「大概半年前，祥仔在運送飼料時出了一場車禍，撞到頭，之後就聽不到我們說話了，但他又不想讓老闆知道，怕自己會失去地位。後來他透過宮廟主委，也就是你姑丈，才終於找到你，而你姑姑也希望你有一份正職。他跟老闆說自己車禍後體力變差，需要幫手，然後內定給你。但沒想到你之前有吃藥，根本聽不到我們說話，一直到你對他坦承自己能聽到動物說話後，他才終於鬆了一口氣。」

龍王一時之間百感交集，自己好歹也是個神，結果只是個神級的傳聲筒，而且還是二手的，「所以，師父也知道你們在辦比賽？」

「他不知道，他只是想拿提案獎金。」

「好吧，我答應你，絕對不會說出這件事，我會繼續服藥，我只想好好工作。」

「謝謝你，我知道你真的很愛動物，也知道那隻狗的事情。」孔雀頓了一下，看著他，「不過很可惜，我跟其他動物約定過，不能讓人類知道我們在觀察他們。我知道就算你說出去也不會有人相信，但是我必須遵守承諾，不能讓你留在園區，反正離下次比賽還有五年，祥仔還會再找其他人，抱歉。」

「等等，你……你想幹麼？」龍王一直覺得，這裡的動物根本不把深海龍王當一回事，也沒人尊敬他，動物不會畏懼人類的神，因此，這時要是有隻老虎突然衝出來滅了他也不足為奇。

「對了，你頭上有兩支監視器。」

龍王抬頭一看，視線隨即回到孔雀身上。

「還有，很高興認識你。」

孔雀一說完，瞬間倒地。

龍王一時之間手足無措，監視器全錄下來了，他根本百口莫辯。他趕緊衝進師父的房間叫醒他，凌晨一點，園區捲起了一陣小騷動。

一星期後，龍王住院。

根據園方的說法，孔雀是因為誤食鴿糞，才導致腸胃道被寄生蟲感染。龍王之所以被送進病房，其實與孔雀無關，而是那天之後，他擔心自己的一舉一動被監視器拍下，於是抓緊各種時機想向老闆澄清孔雀倒地的原因，還宣稱這全是孔雀的陰謀，他是被陷害的。老闆不堪其擾，才發現他的藥袋有一堆剩藥，加上沒人相信人類會被孔雀陷害，因此趕緊通知家屬，連夜將他送回北部住院。

經過家人詢問，園方表示早在一年前就開始規劃改造方案。至於祥仔，他拿的不是提案獎金，而是職災補償金。

後來龍王的姊姊告訴我，龍王高二發病前，他最心愛的狗被毒死了。狗平時拴在工廠，負責守衛，有天晚上誤食了毒肉塊後，開始抽搐，但附近沒有獸醫急診，他只能把口吐白沫的狗放在機車前座，油門一轉拚命往市區騎。一路上那隻狗不斷掉出機車，龍王停停走走，簡直快崩潰了，他連夜趕到幾公里外的大醫院，可惜急診室沒人能幫上忙。他抱著奄奄一息的狗在醫院外蹲了一整夜，雙手都是牠的口水，最後狗在他懷裡往生。

工廠並沒有遭竊，監視器只拍到穿雨衣的男人。他只好沿著廠區附近的電線杆貼凶手照片，一連貼了兩個多月，凌晨還在工廠站哨，跟蹤了幾個可疑的人。那段時間他幾乎沒睡好覺，課也沒去上，工廠還因為亂貼傳單被罰了好幾萬，凶手卻依然逍遙法外。

沒多久，他就開始自稱能聽到動物說話，一心希望能向動物們問出凶手的下落。

當然，從病理學的角度來看，龍王不太可能因為單一創傷事件就此發病，畢竟思覺失調症是一種遺傳性質強烈的精神疾病，龍王的叔叔也是患者，除了基因影響，神經化學的失衡狀態也得考慮進去。

最合理的說法，就是他原本就具有患病體質，加上外界壓力的推波助瀾，最後釋放了症狀，讓他一腳越過現實與妄想的柵欄。因此這整個故事，極有可能是他按照既定事實，加入對動物的情感投射後，一步一步往回編造的「前傳」，目的是為了合理化他的腦中小劇場。對他而言，既然沒人能驗證情節真偽，倒不如把故事說圓。

然而弔詭的是，我在三天前收到了動物園的回信。針對我的詢問，園方表示，園內的六隻進口無尾熊，的確在這個月開始出現精神委靡的狀態，病因未明，尊爵線的遊客也因此受到影響，園方正考慮暫停此線。

我想，龍王應該還是要感到與有榮焉，但不是因為他協助改造園區，而是他給了人類一雙動物的眼睛。

上天賦予我們的心靈和身體只有一次，
即便現在你充滿了悲傷與痛苦，
別讓這些痛苦消失，
也別抹煞掉你曾感受到的快樂。
——《以你的名字呼喚我》

性別不安

「我要證明我是同性戀！」

我們就是他們身後的牆，不是為了堵住他們的退路，而是成為他們最後的屏障。

「我要證明我是同性戀！」

女孩一坐下來便單刀直入地提出需求，毫不扭捏。她有張乾淨又剽悍的臉龐，語氣跟她的臉廓一樣鋒利，這是我第一次，遇到國中女生提出這樣的需求。

坦白講，這句話應該就能顯示出她是被誰要求過來的。畢竟要證明案主是同性戀一點都不困難，對同志而言，他們不需要證明這件事，就像異性戀也不需要開證明。難的反而是他們大多不想證明這件事。因此情況有可能是：「能不能讓我愛女人？我爸幫我定婚事了，就在三個月後。」最後一次療程，男人抱著頭哭了半個鐘頭，我唯一能做的就是等時間走過，我不敢去想他的未婚妻會面臨什麼處境，如果再有一個孩子，孩子的造化會如何轉折。

也有可能是：「好吧，我承認我說的那個朋友就是我，但可以不要寫進紀錄嗎？這會影響升遷。」因為伴侶劈腿而吞藥自殺的女主管，被公司要求進行心理諮商。我們都知道她口中的朋友就是自己，但這種心電感應無法給她實質的幫助，因為她是傳統模具公司的第一位女主管，底下全都是等著拉她下馬的男人。

又或者是：「她還能治得好嗎？我想讓她正常一點，喜歡男生。」對面坐的不是理平頭、染金髮的女孩，就是用粉底蓋住痘疤的男孩，他們都嚮往同一件事，就是互換彼此的身體。他們都嫻熟於同一句開場白，就是「我媽什麼都不懂啦」。看著焦心的家長，我已經很習慣他們的要求，也有預感這句話會出現在今天的場景中。

以上這些換了字體的文字，都是在做同一件事：「移除」或「隱蔽」喜歡同性的事實。前者基本不可能，後者只能出現在文書作業上，於是反其道而行，主動要求「曝光」的案例就顯得耐人尋味。

那是四月多的時節，春假才剛結束，學校準備換季，一想到這件事，我便突然明白女孩願意在醫療場域公然出櫃的原因。

「我不想再穿裙子了，但教官說要拿到醫院的證明才能算數，證明我是同性戀。」

●

同性戀（Homosexuality）這個詞，已於一九七三年從《精神疾病診斷與統計手冊》中除名，也就是說，同性戀已不再被精神醫學界視為一種「精神疾病」。接下來的幾個版本中，與同性戀相關的診斷是「性別認同障礙」（Gender Identity Disorder，簡稱GID），最新版則改稱為「性別不安」（Gender Dysphoria）。但這並不表示同性戀或其他跨性別診斷又再度借屍還魂，成了另一種病，而是指當一個人非常明確地對自己的性別認同（心理認定的性別）與生理性別不一致時，譬如性器官為女性，心裡卻認定自己是名男性時，所引發的「不安或困擾情緒」。因此，有問題的並不是「性別」議題，而是「情緒」議題。也就是說，一旦當個人對自己的性別認同達成一致時（變性成功、法律認可、人際環境接受度提高等），診斷便不復存在。

因此，教官很顯然畫錯重點了。在這個案例中，女孩其實沒有明顯的「性別認同」問題（她認定自己是個帥氣的女性，所以不想變性），而僅是性傾向為同性（喜歡女生），因此即便她是同性戀，也不一定符合診斷。當然，這孩子或許也有跨性別（女跨男的異性戀）的可能。但學校看起來不太在意，他們只是要她來申請一張通行證，因此，我決定輕輕帶過性別認同議題，把重點放在她強烈拒絕女性裝束，因而在穿著裙子的過程中，產生了「不安與困擾情緒」，持續下去可能會損及社交功能。

整個衡鑑的過程並不複雜，量表也是照著診斷準則書寫的，流程順完就大致完成了。但沒想到，接下來才是重頭戲。

●

一個鐘頭後，女孩一邊低頭傳訊息給女友，一邊走出會談室。媽媽拿著有點褪色的棕色皮包走進來，她是電子公司的會計，下午特地請假陪同。

「怎麼樣，她還能不能治得好？」媽媽一開口就是一陣菸味。

「嗯，跟媽媽報告一下，其實今天的目的不是治療，而是確定她的診斷。」

「那她真的是……那個嗎？」

我點點頭，補了一句。「如果她沒說謊的話。」

「那她有沒有可能是被帶壞？還是覺得這樣很好玩？你知道她們小圈圈很多啊。還是因為她讀女校的關係？有沒有可能上了普通高中會好一點？」

這一連串問號，都是為了增加翻盤的可能。一旦加上問號，事情彷彿就有了轉機。

「沒錯，都有可能，對性的懵懂或探索可能會造成這種情況，又或許是環境氛圍使然。但是，她說她從幼兒園就喜歡女生，小二開始不愛穿裙子，甚至故意把裙子剪破改穿長褲，有這樣的事嗎？」

媽媽突然安靜下來。用沉默說出來的答案，往往最讓人不安。

「我很擔心她會被看不起，她這樣出社會一定會被排擠或是霸凌。」

「太太，說實話，現在支持錯的市長候選人才會被霸凌。」本來想跟她開個玩笑，但幸虧我的理智線還沒斷。

「這種病，真的治不好嗎？」

「首先呢，同性戀很早之前就被精神醫學界除名了，因此它不算是一種病。不是病，就沒有治療的必要。」我搖搖頭，接著說：「有個精神科醫師說過，精神病必須要和痛苦感受或社交功能障礙有關。倘若以這個條件為前提，那精神病就跟是否為同性戀或異性戀無關了。」

「就算不是病，那也不正常啊。不是說同性戀生不出小孩，人類會滅亡嗎？」

「如果照這樣的邏輯，那全世界的人都得是同性戀才行啊，這不要說你，連我都無法想像。如果你擔心同性戀會讓人類絕種，因此逼她結婚，她一樣也不想生小孩吧。就算她人工受孕或勉強生了，最後還是離婚，小孩判給別人養，然後多出一個不快樂的人口，那孩子不是很可憐嗎？臨床上這種例子太多了。

「所以說，有些族群原本就無法延續後代，把他們放進樣本是不公平的。就像神職人員或不孕症患者，他們在人類的生命傳承史中是缺席的，從以前到現在都是，這樣的人口並沒有變多。同性戀之所以被誤以為族群人口愈來愈多，大多是因為曝光率變高的關係。事實上，同性戀跟感冒不一樣，它是不會傳染的。更何況，只要雙方談好，同性戀也可以進行人工受孕或試管嬰兒，人類要是哪天因為某種原因不幸滅亡，我相信核爆會排在這件事情前面。」

「那如果她去領養小孩，教出來也是同性戀，或心理有問題怎麼辦？」

「這就更不用擔心了，幾年前，國外有一份社會科學研究報告指出（Jimi Adams等人，二〇一五），無論家長是異性戀或同性戀，他們的孩子在心理與行為表現上都沒有差異。也有研究指出（Abbie E. Goldberg等人，二〇一四）同性戀家庭出身的孩子，不會比較容易成為同性戀，或出現性別認同問題。」

我引經據典，舉證歷歷，目的是希望減緩她的擔心，消弭同性戀與異性戀間的差距，讓她相信孩子即便是同性戀，也沒有想像中的那麼糟。

為了強調我的觀點，我決定加重力道，但沒想到，我做錯了。

「嗯……冒昧地問一句，您是同性戀嗎？」

「怎麼可能！當然不是。」

我可以感受到她內心的衝擊，而這就是我要的。

「那就對了！我相信您沒有教她去愛女生，但她還是愛上了，可見這種事，並不是性別教育能左右的。就算不教她愛女生，她長大後也會有所感受，即使勉強教她愛男生，情況也不會改變。你們家不就是一個證明嗎？重點是，她有沒有學會去愛一個人。」

我講得頭頭是道，但沒想到媽媽居然哭了，淚水撲簌簌地往下掉，我根本來不及回防，只好狼狽地掏出幾張皺巴巴的衛生紙。

「那為什麼我會把孩子教成這樣？嗚……她以前真的很可愛……」

她委屈地一邊拭淚，一邊看著自己的手機螢幕，照片中的孩子穿著草莓母女裝，大概是六、七歲的年紀，笑得很甜，這或許也代表著，往後沒有比它更值得放上手機螢幕的合影了。

「如果是你的孩子，你難道不擔心嗎？」我相信這句話並不是為了反擊，但我卻覺得自己被擊中了。

「如果是……不好意思！」我看著手機螢幕，「先接個電話，病歷室打來的。」

我走出會談室，拿起手機，直接放進口袋。沒錯，根本就沒有什麼病歷室的電話，病歷室一輩子都不會知道我的手機號碼，但我當下只能選擇逃避。我得逃開一下，走進樓梯間梳理心情，因為——

我搞砸了，徹底砸鍋了。

如果剛才的對話有錄音存檔，那錄下的就會是專業的傲慢，會談室的官腔。那些根本就不是她要的，她不需要有人來跟她講同性戀不是病，不需要引述任何論文的結論，她只想要被理解，以一個媽媽的身分。

我站在樓梯間，對著窗外發愣，慢慢接受自己的低級錯誤，至於下半場該怎麼走，我毫無頭緒。其實我的手機螢幕也跟她一樣，放的是孩子的照片，女兒在萬聖節扮成了一隻兔子，理由是「沒關係，我喜歡」。於是當下，我決定把心理師的袍子脫掉，只留下一個四歲女孩的父親。

●

回到會談室，我一邊坐下，一邊伸手示意看她的手機。

「她那時候幾歲？」

「小學二年級，那時候我剛跟她爸離婚。」

「離婚？」我想起照片上的笑容。

「我和她爸同事了十幾年。她爸是業務，但那幾年景氣不好被公司裁了，他只懂電子零件，開計程車靠行根本賺不到什麼錢，晚上一喝酒就動手，我被他打了兩年多，實在受不了才離婚。我其實不怪他，只是酒這種東西實在太恐怖，他以前是個斯文人，一沾上酒就把自己賣了。

「後來他放棄撫養權，自己搬走了。我和女兒感情滿好的，只是過了一、兩年，她升上高年級後，就不太和我聊天了，我想她應該也不知道怎麼跟我開口。我知道她討厭穿裙子，知道她的抽屜全都是寫給女生卻被退回來的告白信，知道她在外面只穿束胸，知道她的瀏覽紀錄很多是女同志的網站。這幾年，她喜歡女生的情形愈來愈明顯，連親戚都在傳。我離婚已經讓家裡很丟臉了，現在女兒又這樣，我爸媽根本不歡迎我回家，我等於沒有家人了。但這些都沒關係，我是真的擔心她會被欺負。」

我點點頭。

「我一直很自責，會不會是因為她從小被媽媽帶大，缺乏父愛，對男人不信任，所以才選擇跟女生在一起。如果真的是這樣，那就是我的責任，我一定要把她矯正過來。」

「也難怪你會這樣想，但如果是缺乏父愛的女孩，很多長大後反而會尋找像父執輩的年長男性，就算原生父親很糟糕也沒關係，這反倒會提升她們的尋找動機。也就是說，『正因為沒被父親好好對待過，所以渴望這樣的經驗』。反過來說，因為這種原因發展成女同志的，真的比較罕見。

「不過坦白說，同性戀真的不一定會有什麼明確的前因，我知道你一時之間很難接受，甚至想找自己問罪。然而事實是，當孩子的基因決定了某些事情後，我們心裡再怎麼掙扎，也是跟機率鑽牛角尖而已。」

「其實我常常偷看女兒的手機，她應該也知道，但她並沒有鎖起來，或許這就是她和我溝通的方式。我常常看到她跟她那個……婆，這樣說對嗎？跟她接吻的照片，我看到都快暈了。我老家是個單純的大家庭，爸、媽和哥哥都是在梨山種水果的，他們一輩子都沒看過同性戀，我也是。所以我是真的……真的很難接受。」

「不需要馬上接受啊。坦白說，我自己也不習慣看到兩個鬍子男人當街對吻，畫面太刺激了，根本不知道該怎麼跟女兒解釋。有些人會說不用解釋，怎麼可能！面對這種狀況，家長不可能飄走或裝死，因為孩子的連環追問術是非常粗暴的。」

如果沒記錯，這應該是媽媽第一次笑，「但你們做這行的，應該很會處理啊。」

「我是心理師，但也是一個父親，會有難以啟齒的時候，也會有自己的價值觀。畢竟這不是我之前習慣的畫面，我需要時間適應，但這並不代表我反對這樣的行為與現象。倒不是因為我有多開明，而是我找不到反對的理由。『不知如何面對』與『徹底反對』，原本就不是對立面。很多人不是反對，而是無法立刻支持。」

「其實為了女兒，我已經看了好幾本書，很多都是同志家長寫的，他們說之後會慢慢接受適應，但幾乎都要十幾二十年，我根本不敢想什麼時候才能回老家。」

「唉，身為同志的家長，最起碼都會有三項擔憂：外界加諸的眼光、自身所受到的牽連，以及孩子的未來。但到最後，他們都不太在意前兩項了。」

「如果是你的孩子，你不擔心嗎？」她還記得這一題，好吧。

「如果是我的孩子，我一定會跟你一樣無助，一樣想知道哪裡出了錯，甚至把祖譜挖出來，好好檢視我們的基因究竟是從哪一段開始歪掉的，我的做法並不會比較高明。然後我會花上一大段時間適應整件事，跟孩子的關係會變得有點陌生，即便誰都沒做錯事。但仔細想想，這就是家長吧。我們不做他們的後盾，誰能呢？其他人不願理解沒關係，畢竟不是每個人都有切身經驗，我們做不到讓每個人都接受這件事。反對的人會以各種理由反對，支持的人會繼續激辯，游離的人會試著習慣，這就是社會的樣子。熱度退燒了，新聞會換上其他畫面，但家長不會換人，我們就是他們身後的牆，不是為了堵住他們的退路，而是成為他們最後的屏障。」

接著我打開手機相簿，選了其中一張相片，交給她，「這張照片，讓我站上了某個起點。」

一年多前，我在科學雜誌上看到這張照片，那是一個十歲就決定轉換性別的孩子，與她的雙親緊緊抱在一起的畫面，對我來說，那就是血脈相連的證據。

在我看照片的同時，女兒在一旁玩黏土，然後做了個甜筒給我。倘若在某個時間點，我可以開始把同性戀者視為一個「真正的人」，而不是特定族群或案主，那一天就是起點。能讓我公平看待他們的，不是專業知識或頭銜，那些只能告訴我「正確的看待方式」，但真正讓我做到「公平地看待」的，是自己的孩子。因為她讓我想到，如果我是照片裡的家長，我會怎麼做？

不用說，一定是緊緊抱著她。

「如果她最後真的跟女人共組家庭，我要怎麼想，才會比較健康？」

「嗯，這樣講或許對男生不太公平，但至少她比你幸運，躲過了一個臭男人的魔爪。這世界臭男生太多了，如果可以，我會親自拷問每一個牽過我女兒手的男人。」

「然後呢？」

「把他們的手剁了。」

「噗。」我們相視而笑，她露出了一個「這就是爸爸啊」的眼神，我相信如果她手上有支菸，應該會在深吸兩口之後遞給我，因為那抽的不是菸，是家長的默契。

那天會談結束前，我沒能替媽媽想出更溫柔的結語，如果這場對話有機會再來一次，《以你的名字呼喚我》（Call Me by Your Name）會是個很好的參考範本。

情竇初開的男孩，愛上了教授父親麾下的研究生，兩人相處六週，從試探到確認，天旋地戀，但研究生終究得回國與愛人成婚。男孩傷心欲絕，這是他的初戀，即便對象是個男人。男孩聰穎又貼心，教授十分疼愛自己的孩子，對於兩人的戀情，他始終看在眼裡，那是一九八三年的義大利，同性戀還無法輕易面世的年代，情感的流動只能心照，不能言傳。

影片結尾，男孩與父親同坐一席，男孩低頭不語，他的記憶還停在前幾天送對方上車的那個廣場。教授把看了一半的書闔上，摘下眼鏡，用他所能想到最溫柔的語氣，最慈愛的眼神，對兒子說出了這段話：

「老天總是在你毫無預警的時候，用最狡猾的方式送你一拳，但你要記住，我就在你身邊。現在的你，可能不想去感受什麼，也不想跟我談，但請你好好去感受你所感受到的，你有過一段很美好的友誼，或許超越了友誼，我很羨慕你。

「我相信大多數的父母都會希望整件事就此打住，希望他們的孩子回歸生活常軌，但我不是這樣的父母。為了加快療傷的速度，我們已經從自己身上剝奪了太多感受，結果一到了三十歲，情感就透支了，每經營一段感情，能給的就會比前一段還少，為了避免自己受傷而不去感覺，這多浪費啊。你的人生要怎麼過是你的自由，你只要記住，上天賦予我們的心靈和身體只有一次，即便現在你充滿了悲傷與痛苦，別讓這些痛苦消失，也別抹煞掉你曾感受到的快樂。」

內文第二一二頁的兩份參考資料：

＊Adams, Jimi & Light, R. (2015) Scientific consensus, the law, and same sex parenting outcomes. *Social Science Research.* 53, 300 - 310.

＊Goldberg, A. E., & Smith, J. Z. (2014). Preschool selection considerations and experiences of school mistreatment among lesbian, gay, and heterosexual adoptive parents. *Early Childhood Research Quarterly*, 29, 64-75.

兒童拒學

孩子不想上學？沒關係，因為大人也不想上班

送上足夠的支持，是要給孩子「多一點跟世界相處」的信心。

她總是會提前五分鐘敲門。

連同今天，已經是這個月的第三次，我對面那位厭世大叔似乎開始習慣被她打斷了。這道敲門聲就跟演講的警示牌一樣，作用是提醒他：時間還剩五分鐘，療程開始倒數，晚安曲悠然響起，生命不該一直浪費在數落前妻的罪狀上。敲門聲產生了某種抽離效果，讓他得以從回憶脫困。因此，他很感謝這個敲門聲。

但對於門外的女人而言，與其被感謝，她更寧願被幫助。

在過去的一個半月裡，她每天都請了半天假，要認真算年假，早就燒光了，主管再怎麼睜一隻眼閉一隻眼，也被逼得跳腳。女人的工作簡直不是人幹的，身為客服部組長，手機永遠都有未接來電，群組永遠都有指令，她非常羨慕捷運上的低頭族，因為她每天向客戶低頭的時間遠比自己低頭滑手機的時間還多。當然偶爾也會出現翹班的念頭，但是這次居然動真格地請了一個多月的假，下屬以為這是離職前奏，但其實是因為——

她那三歲半的女兒，不想上學。

女人之所以進行了三次會談，與我的治療口碑無關，而是前兩次都無功而返，因為她總是在會談進行到一半時被公司召回。這次她索性將女兒帶來現場，主管只能放行，於是女兒成了船錨，讓她得以被固定在會談室裡。

但事實上，她也的確被固定住了，因為女孩緊緊地纏在媽媽的背上，完全是「甲你攬牢牢」，二姊的歌詞變成一種真實的投影。女孩的眼神堅決，足以對抗世界，而我也不想把自己當成與劫機犯斡旋的二流談判專家，因此，只好把她們視為生命共同體。

此情此景，讓我想起了甘耀明的經典奇幻小說《殺鬼》。

小說裡頭有一章，叫做〈爸爸，你要活下來〉，主角是一對原住民父女。女兒叫拉娃，年方十歲，她很擔心父親尤敏一旦為日軍打仗，就會戰死沙場，因此在父親遠赴沙場的當天，用雙腳緊扣住父親的腰，不讓他上火車，離開家鄉。日軍想方設法，都沒能讓拉娃離開父親的身體，拉娃的焦慮，成了最強悍的黏著劑。尤敏擔憂女兒的安危，於是決定把她的腳縫進自己的肚子，到最後，兩人成了彼此身體的一部分，養分交互供輸，一場戰爭，讓血脈相連從形容詞變成了動詞。

然而，孩子對分離的焦慮，與世局的興衰榮枯無關，即便在太平盛世，學校也不會因此變得比較親切，三歲半的年紀，臨行密密縫，根本不足為奇。

我翻開前兩次的會談紀錄，發現孩子並不是突然變成這種狀態，而是因為她正在歷經「升班」這件事。

升班，代表的是境物轉移與社交動盪，原本調校過的人際參數都會被拉回預設值，就像電腦重灌這種噩夢一樣。因此只要歷經一次升班，孩子的陣痛期就會綿延好幾週。不幸的是，這次的週期變得特別長。

在這段期間，她的表現一如預期地跳回原廠設定，媽媽一離開視線便哭天搶地，只有媽媽重返視野後，才願意進行拓荒。

與其說媽媽是女兒的護身符，倒不如說她掌握了女兒的某種開關。

由於媽媽陪校時間過長，老師無從施力，因而導致媽媽對新班級的導師不信任，最後出現與孩子彼此綑綁的狀態。

談到這裡，我拿出白板，準備為「不去上學」這種行為寫個分類。此時女孩一看到板溝上的四色白板筆，姿態瞬間鬆動——這就表示現在是個交易的絕佳時機，而且不需要語言，單用眼神，就能弭平年齡與心智能力的距離。

於是我們互換眼色，她點點頭，隨即以一種黑市交易的練達，奪走我手中的紅筆，鬆開雙腳，站上沙發，轉身朝牆壁上的海報瘋狂畫「叉」。不幸的是，那是一張醫院的願景圖，上頭每一項願景都被孩子否決，院長的笑容也在一群紅色叉叉之間掙扎，不久之後就被淹沒。

●

回到白板上，「不去上學」（當然也可以替換成不去上班，把學校換成公司，絕對一體適用）大致可區分成三類：「不敢上學」、「不想上學」以及「不鳥學校」。

一、「不敢上學」，意指「懼學」（School Phobia），也就是害怕上學。害怕的原因不外乎下列幾種：陌生的環境，看起來凶凶的老師，一直被當邊緣人，覺得上課聽不懂或自身學業表現不佳等。對於年紀小的孩子，大多是因為「分離焦慮」（Separation Anxiety），以面對陌生情境時親人不在身邊，缺乏安全感為主。年紀稍長的孩子，則以後面四項原因為主，有些則會被歸類為「畏懼症」的其中一類，譬如社交畏懼症（Social Phobia）。

二、「不想上學」，意指「拒學」（School Refusal）。相較於單純「懼學」，它的範圍又再更廣泛一些，除了害怕上學，可能是「對學習沒興趣」，把不想上學視為對學校與父母的「抗議」。也可能是「對經營人際關係感到煩躁或憂鬱」、「討厭某些課程或師長」或是「留校時間過長」等。也就是說，除了害怕之外，對於學校或學習展現出「其他情緒」（例如厭惡或難過），導致不願意踏入校園。

三、「不鳥學校」，意義上比較接近「逃學」（Truancy）。不進校園，但也不想留在家裡，因為其他場所比學校或家庭更有吸引力，地點可能是電動間（好老派）、網咖，或是在路邊夾一整天的娃娃。原因可能是家庭或課堂衝突、幫派誘惑，或者是想和嘴巴開開的國二男生遵守一輩子的約定之類的。

一般而言，三歲半的女孩，離「不鳥學校」還有一段時間，因此本案的介入方式，會以「不敢上學」與「不想上學」兩類行為為主。針對三歲半的孩子，除了確認分離焦慮的可能性，還有一個潛在因素會增加孩子的拒學行為，那就是媽媽對導師的信任不足。所以在會談的過程中，我設定了幾個重點：

- 判斷孩子是屬於哪一種類型的「不去上學」。
- 釐清媽媽不信任導師的原因。
- 想辦法減少媽媽的陪校時間。

針對第一點，根據導師的說法與過往經驗，可確認是面對新環境所造成的分離焦慮，但這孩子原本就比較害羞，熱機時間長，因此預留開機時間並不為過。但比較令人頭痛的，反而是媽媽心中「不認為老師有辦法安撫孩子」的假設，因而更堅定了「還是由我來陪孩子吧」這種想法，導致媽媽不敢貿然縮短陪伴時間。然而對孩子來說，這樣做，反而形成一種「哭鬧就可以讓媽媽留在身邊」的印象，陪校時間只會愈拉愈長。

因此，我先跟媽媽深談了關於老師的部分，畢竟她願意放手，才能與孩子談條件。根據過往紀錄，孩子的適應期大約是一個月，但看過行事曆之後，我提醒媽媽，這次可能是因為適逢連續兩次連假，才會導致孩子不斷重開機。導師曾向媽媽表示，孩子其實只是適應期比較長，適應能力並沒有問題，否則應該連前兩個班都捱不過。但由於媽媽的擔心，反而占用了讓孩子學習面對陌生環境的時段。

所以我請媽媽再給老師一次平反的機會，也就是利用一個半月的時間，重新捏回孩子該有的形狀；倘若不行，再延長時間陪校即可，反正崩潰的是主管。

家長首肯之後，接下來就輪到與孩子「談條件」，也就是所謂的行為約定，目的是縮短媽媽的陪校時間。

原本都要陪到午飯時間，大約要花費三小時，因此我們先試著把時間縮短為只陪一小時，而且約定好這一個小時，孩子「必須跟其他同學互動」，至於短少的兩個小時，則改由「提前十分鐘接送回家」作為酬賞。如果孩子有喜歡的零嘴，也可以在下課接送時給她，當作酬賞的一部分。

在媽媽離開前半小時，最好能每隔十分鐘「提早預告」，為的是減少衝擊，讓親子雙方習慣斷捨離。

倘若奏效，第二週則縮短為四十分鐘，第三、四週轉換成隔日陪伴。等到第五週，就改為只陪週一，每次半小時，以此類推。

這種做法，也可稱作「漸進式暴露法」（Graded Exposure Therapy），目的是讓孩子逐漸習慣媽媽不在的空間。

離場時機也很重要，不一定要說去上班，可以說去上廁所或辦事情，忙完就回來，讓結語溫和一些，重點是趁孩子和其他人玩在一起時離開，也可以請老師做球。這個目的是讓孩子覺得「自己也可以和其他人互動，可以靠自己融入在團體裡」，此時，家長不再是陪伴者，而是人際關係的推手。

如果是六歲以上的學齡兒童拒學，隨著智力發展，大場面也見多了，因此會上演各種裝死技能，也就是所謂的「身體不舒服」，包括頭暈、腿軟、全身無力……而且還很逼真，但只要一聽到可以請假，便立刻自體補血，重返人間，這時，家長該怎麼處理？

第一，千萬不要輕易動怒，因為我們自己也很討厭上班，只是不得不去。但關於這一點，孩子現在真的無法體會，不用強求孩子，或是把這類壓力轉嫁到他們身上，這是老闆與社會的問題。他們這時候很需要支持，希望聽到的問句不是：「幹麼不去上課？」而是：「你怎麼了？」相信我，這四個字比什麼都有用。

第二，如同先前提到的，家長可藉由對話來判斷，孩子是屬於哪一種類型的「不去上學」，這樣做既能辨識孩子的情緒，也能大致推測成因。如果是「不敢上學」，依照先前的經驗，國小的孩子大概會害怕幾件事：

- 上課聽不懂。
- 老師很凶，不討喜。
- 考不好被罵。這一點可能有源自家長的壓力。
- 被同儕排擠或霸凌。
- 剛轉換班級或學校，跟新同學不熟。

經由分析可以得知，孩子害怕的對象，大多集中在「課業壓力」與「人際關係」這兩類。如果孩子說不太出來，可以提供選項供孩子指認，或請估狗幫你找到「拒學評量表」（School Refusal Assessment Scale，有中文版），替孩子的拒學類型做個分類，順便評估嚴重程度。

第三，根據拒學的類型，找出策應方法來減少孩子的恐懼。根據美國焦慮與憂鬱防治協會（Anxiety and Depression Association of America），有幾項不錯的建議：

- 主動跟孩子討論他們對上學的感受及恐懼，有助於降低他們的害怕。

- 主動與學校老師討論孩子的狀況，或向輔導老師尋求指引。
- 倘若是年紀較小的孩子，允許他們用緩慢的速度，逐步回到學校上課。這樣能讓孩子知道，上學其實並沒有什麼好怕的，也沒有什麼壞事會發生。
- 強調上學的正向經驗，例如可以看到喜歡的同學，下課可以一起玩之類的。

由此可見，家長的「主動」姿態才是關鍵。但無論是陪伴孩子度過換班適應期、課業補強、鼓勵孩子互動、家長降低成績標準，甚至與班導或輔導老師溝通，都不是一下子就能改變的狀況，尤其是交朋友這件事。

這段期間，請多給孩子支持與陪伴，陪他們聊天，不用擔心這樣會造成孩子的依賴。送上足夠的支持，是要給孩子「多一點跟世界相處」的信心。

在找出原因試著解決的同時，仍然可以和孩子談條件，給他們一個緩衝週期：先和導師談妥，底限設定一個月，一週可離開教室半天，到學校輔導室或圖書館休息，或是允許請假一次。

- 如果孩子有性格或情緒上的問題，怎麼辦？

一般而言，比較嚴重的焦慮或過動症狀，可能需要考慮服藥緩解症狀，而且要讓導師了解現況。

至於自閉症或是性格上較為孤僻的孩子，或許可以採取資源班教育或自學方案，這樣做的家長並不在少數，由此可見，強迫他們上學並不是一個有效的解法。

其實，拒學行為本身不是重點。不去上課並不犯法，只是得不到相對的知識，但要獲得知識還有很多的途徑，並不是單純地把孩子抓回課堂就夠了。這並不是在玩填洞遊戲，洞填滿了就天下太平，重點是這個行為背後所牽引的問題。

其實裝病跟告白一樣，都需要一點勇氣，能讓孩子鼓起勇氣說謊，表示這件事有一定的嚴重性。不去上課，通常事出有因，就算能讓他們不上課，問題依舊無法解決，強制上課，更會適得其反，不如先跟他們「談心事」還比較有用。

先「談心事」，再「談條件」，如果都談不攏，至少還能「交給專業」，三個步驟，試試看吧。

◇◇◇◇◇◇

＊「拒學評量表」中文版，可以參見這個網址：https://goo.gl/KVdmxT（「有愛無礙」網站）。

◇◇◇◇◇◇

PART 3

生命突擊隊

邊緣型人格

「邊緣型人格」不是邊緣人，比較像恐怖情人

第三張照片，就只有一隻腳，女人的腳，直接懸在頂樓的圍牆外！

「我不記得是哪堂課了，因為前一晚很累，我睡翻了。我是被鈴聲吵醒的，然後手機就收到那三張照片。」

「什麼照片？」

「第一張是天空，天氣很糟，不知道傳這張幹麼。第二張是宿舍頂樓的圍牆。第三張照片，就只有一隻腳，女人的腳。」

「一隻腳？」

「對，然後我就被那隻腳嚇到整個彈起來！沒騙你，真的是彈起來，就像不小心按到跳機開關的飛行員一樣。」

「因為沒刮腳毛嗎？」

「刮得很乾淨好嗎，重點是那隻腳直接懸在頂樓的圍牆外！我們那棟有八層樓，一隻腳騰空耶，重心不穩就投胎了，我都不知道她怎麼拍出那張照片的。最後她還傳了一行字：『該往內還是往外跳？你來告訴我。』」

「然後咧？」

「衝回家啊！我超怕人行道蓋張白布或畫人形白線之類的。我一路衝到頂樓，結果你知道怎樣？她居然坐在那牆角喝台啤配鹹酥雞，然後拿啤酒罐跟雞骨頭丟我，一副很好玩的樣子。」

我搖搖頭，「你也會翻船啊。」

「我哪知道，剛交往的時候根本就不是這樣！」

阿傑，我的同梯，體育保送生，主修鐵餅。阿傑長得跟一般運動員不太像，白白淨淨的，沉默的時候有點靦腆，性格溫和，頭部以上雖然沒裝什麼東西，但頭部以下卻是標準運動員配備，勻稱結實，對大學女生來說，這組合就是兩個字：天菜。

阿傑靠著天理難容的頭身搭配縱橫情場，光在大學就交了二十個女友，大概就是期中期末考寒暑假更換一次的頻率。原本順風順水，沒想到入伍前出了一次大車禍，半年不良於行，他認為這是一種報應，於是情海翻波之際急流勇退，就此上岸。他不諱言自己花心，但絕不劈腿，也不主動提分手，只有在最後一次破功，對象正是他的第二十任女友。

於是在盛夏的夜晚，我執業的第三年，我們一邊喝著墨西哥餐館的啤酒，一邊聊起了他的第二十任女友，也是他的倒數第二任女友。

「我大四在夜店當過一陣子公關，算是代班，學長介紹我去的，反正當時畢業學分都修得差不多了，白天的課排開就好。她是酒促妹，大我兩歲，身材辣到不行又主動，每天凌晨四點半收工後，我們一群人都會去復興南路吃清粥小菜，她常找我抱怨酒客的事，我也會幫她處理，加上我是胸奴，沒多久我們就在一起了。

「她算是我交過的女生裡面最貼心的。照三餐傳簡訊，排休的時候，早餐、宵夜都準時送來，還一口一口餵，衣服也幫我送去洗，完全以我為人生重心。最扯的是情人節那晚，她居然穿著兔女郎裝從紙箱裡面跳出來，跟美國電影一樣。護士服就算了，誰會去買兔女郎裝啊？」

我想像著另一半穿兔女郎裝的樣子，然後打了個冷顫。

「大概過了一個多月吧，有天半夜我聽到她在哭，聲音忽大忽小的，問她原因也不講，只是指著手機螢幕，原來是我前女友的照片，但那是一群人的合照而已。凌晨三點多，太累了，我隨口安撫她幾句就繼續睡，結果隔天醒來，手機就不見了。

「一直到我撇尿時才跟手機重逢，但它已經淹死在馬桶裡。我頭皮都麻了，一整組貴賓的通訊錄都存在裡面，如果弄丟，我一定被主管電死。報修就花了快一萬塊，都可以買兩支新機了。結果晚上見面時，她竟然裝沒事，不斷跟我撒嬌道歉，還買了一支新機給我，我那時候就覺得不太對勁。

「原本期中考後就想談分手，反正算算時間也差不多，加上手機那件事讓我有點在意，於是我連兩天不回簡訊，下班直接回家，第三天她就找上門了。

「她第一句話就問我是不是要分手，我話都沒回話她就哭了。我知道她幾乎把所有家當都投在我身上，也知道她一個人離鄉背井很孤單，她家單親，還要寄錢回宜蘭給她媽媽。但她的情緒轉變實在太快，我根本接不住啊。她哭著講完一串委屈之後，直接從包包抽出一把刀往手腕劃了三下。沒有唬爛，她玩真的，血不斷流到地板時，我根本茫了，簡直跟水龍頭漏水一樣，後來我才發現她手上有很多刀疤，但都用刺青遮住了。

「坐上救護車的時候，我突然覺得很內疚。嚴格來說，她只是很認真投入這段感情，根本沒做錯什麼事，然後就躺在救護車上了，於是我決定把分手這件事吞回去。但我錯了，我不該心軟的。」

「怎麼說？」

「因為這樣反而更讓她疑神疑鬼，動不動就說我要拋棄她，然後我的衣服就會被亂剪。懷疑，威脅，自殺，談和，補償，然後再懷疑，不斷迴圈是會讓人崩潰的，不只是因為她搞自殺，而是那種反覆無常的感覺，我永遠都在擔心她的一下齣戲。有一次她過馬路時突然不爽，結果就不走了，直接躺在斑馬線上，然後時間剩下三秒。我只好一邊背著她，一邊衝到對街，但我聽得很清楚，她一直在偷笑，我當下就決定要離開她，那是我們交往的第四個月。

「於是我偷偷退租宿舍，傳完分手信之後就把手機號碼整組換掉，工作也辭掉。沒想到她居然搞到我的新號碼，我猜她應該是一直纏著夜店主管。從那之後，她就只專心做一件事。」

「什麼事？」

「拍跳樓照給我看。宿舍那次是她第一次玩，看我衝回去找她之後就玩上癮了，從我們系館頂樓、體育館頂樓，接著一路擴散到大台北地區，我三天兩頭就收到照片。有一次在西門町跳還鬧上新聞，搞得整個城市都是她的舞台，她根本就是用跳樓照在打卡。你說這女人到底有什麼問題？」

邊緣型人格，答案昭然若揭。

正確來說，應該是「邊緣型人格障礙」（Borderline Personality Disorder，簡稱BPD）。在這裡，我們先把這個詞拆成「邊緣」與「人格障礙」兩部分。

這裡的「邊緣」，指的並不是邊緣人那種「人際」上的邊緣，而是患者處於「精神官能症」與「精神病」這兩者症狀的邊緣。他可能出現像精神官能症般的情緒困擾，在不同的情緒狀態間輪轉，譬如容易感到憂鬱或緊張；他知道自己有些問題，也知道造成很多困擾，卻又容易喪失理智，衝動行事，甚至出現像精神病般的妄想症狀（覺得別人在自己背後搞鬼，認定自己要被拋棄）。但是他們看起來很正常，認知功能都滿好的，社會適應能力似乎也還不錯，完全不邊緣，因此交往之初無法覺察，只有當他開始與對方深入建立關係後，這種特質才會顯現。

一般而言，無論是精神病或精神官能症，大抵上是因為神經化學異常、基因遺傳、大腦或體質脆弱等原因，接著與外界壓力相互影響後，進而產生了「症狀」。這樣的症狀通常經過服藥都能改善，畢竟藥物是直接對大腦進行設定。

但是，「人格障礙」不同，他們可能沒有上述的問題，既不是大腦神經化學出問題，也不是基因遺傳，而是人格特質造成了一些困擾，因此很難對症下藥，因為沒有藥物能改變一個人的人格。

關於「人格」的定義，簡單來說，它就像一個獨特的模組，包含了行為與思考模式。即便面對不同時空或情境，同一個模組會輸出一致的反應數據，這代表人格的發展是很穩定的，因此才會出現「本性難移」這種形容詞。它是「先天氣質」加上「後天生活環境」揉捏出來的綜合體，天生就長在身體裡面，隨時帶著走。

當然，每個人或多或少都有些獨特的人格特質，有的討喜，有的不討喜，然而，一旦當某些不太討喜的特質引起社交上的障礙，或損害了職業功能，可能就會被定義成「人格障礙」。由此可見，人格屬性是從小養成的習性與反應模式，一旦出包，絕對不是調整大腦設定就能打發掉的。

「人格障礙」分成A、B、C三大類群。「邊緣型」隸屬於B群。這一群都不是吃素的，戰力跟自殺突擊隊一樣猛，他們大多和情緒化與衝動控制能力不佳有關。其他的狠咖還包括「反社會型」（Antisocial Personality Disorder）、「做作型」（Histrionic Personality Disorder）以及「自戀型」人格（Narcissistic Personality Disorder）。

再回到「邊緣型人格」，他們通常會出現幾項特質：

第一，不穩定的自我認同。常常會覺得「不知道自己是什麼樣的人」，不太確定自己要什麼，因此會去努力「討好」自己喜歡的人。也因為如此，他們很害怕被拋棄，對於任何蛛絲馬跡都會十分敏感。

第二，愛恨分明的玻璃心。他們對一段關係往往有不切實際的美好想像，預設滴水不漏的期望值，因此只要對方的表現有點落漆，或關係發展不如預期時，態度就會立刻翻盤。但又因害怕被拋棄，於是迅速放下身段認錯，繼續討好對方。他們的愛恨中間值只有一條線，然後沒事就在那條線的左右兩邊跳來跳去，以此為樂。

第三，手段劇烈。因為腦充血特質使然，常常會讓他們忘記要沙盤推演，進而做出許多逾矩的失控行徑，譬如自傷或損毀他人財物。但其實大都是為了「表達需求」或是「企圖挽回」，希望得到對方的關注，並不一定是窮凶惡極的意圖。

●

「那你後來到底怎麼活下來的？」

「不理她，結果過三個月她就人間蒸發了。這兩年聽說她跑去當牙醫助理。」

「不怕她真的自殺嗎？」

「一開始超怕，怕到去看精神科吃抗焦慮劑，這種事只怕萬一。但後來就不怕了，因為我知道她其實不敢死，她太需要被愛了，真的只有不理她，不跟著起舞，直到她找到下一個宿主，你才能交棒。如果遇到這樣的苦主，你一定要這樣跟他說。」

我點點頭。

「我也是活該，經過這一次，只要到比較高的地方拍照，我都有心理陰影，都會想起那隻腳。入伍前的某一天，我騎車騎到一半以為看見她，結果一急著迴轉，沒注意對向來車就被撞飛了。躺在病床上時，我想起前面的十九個女友，有幾個真的是天使，我以前就是太隨便了，交往時完全沒打算好好認識對方，只顧著玩，根本不想負責，結果就現世報。一旦色魔上身精蟲上腦，沒做好身家調查，下場就是這樣。」阿傑朝我舉杯，眼神卻有些黯淡。

但在我看來，這其實不算一件壞事。

阿傑目前在金融業服務，因為不敢在台北看牙醫，因而遷居台中，畢業後未再交女友。三年前娶妻生女，太太是幼兒園老師，經過我的認證，她沒有邊緣型人格。

然而在與阿傑對談的六年後，我接到了一位邊緣型人格患者的治療轉介，她之前做過夜店酒促，現在是個牙醫助理。

我之所以想起阿傑，全是因為被她喚醒了記憶，至於下半場，就留給下一個故事吧。

不是一味地改變，但也並非全然接納，
而是在「改變」與「接納」之間，
形成一股協調的力量，
將愛恨之間的那條線，慢慢拉出寬幅與彈性。

邊緣型人格

即便是邊緣型人格，也只是渴望被愛

她永遠都在以身體、金錢與割腕，留住一段關係。

葳葳她爸是個台商，在她出生前就到廣東經營鞋廠，專做鞋楦。提早卡位讓他占盡地利之便，鈔票一袋袋扛回台灣，人卻沒跟著鈔票回來，即便妻子臨盆，他都留在工廠趕工。

自葳葳有記憶以來，一年只會見到爸爸一次，跟掃墓一樣。媽媽因為產後躁鬱症，決定不再生第二個孩子，而這個決定讓她成了毫無地位的長媳。

在她七歲那年，爸媽離婚了，因為爸爸包二奶，小三的孩子甚至比葳葳還大一歲。

離婚之前，媽媽每隔一段時間都會去住精神病房，通常都是因為跟爸爸通完電話就跑去浴室割腕，因此葳葳對浴室地板的血跡，以及急診室的味道並不陌生。媽媽住院期間，葳葳都暫時給祖母照料，祖母很少對她有好臉色。

在拿到一大筆贍養費和一棟透天厝，確定這輩子不愁吃穿之後，媽媽在一樓開起了工作室，把葳葳接回家；後來葳葳才發現，跟祖母住其實是一件非常美好的事。

葳葳她媽有個很時尚的職業：婚紗裁縫。二十歲出頭跟著表姊來台北學藝，先在福華飯店地下街當助理，眼明手快，不到三年就出師，接著愛上了伶牙俐齒的女鞋業務，也就是葳葳她爸。

拜媽媽所賜，葳葳從小就懂得打扮，也是他們班第一個穿流蘇裙的女生。「男生第一眼看到的就是你的臉，第二眼之後，也還是臉。」這幾乎是媽媽留給她唯一的家訓。她留給葳葳漂亮的衣服，留給她超額的零用錢，留給她一大堆日本時裝雜誌，就是沒留給她什麼時間。

她一直沒辦法好好跟媽媽說上話。

媽媽恢復工作之後，沒有再住過院，只會定期到醫院拿藥吃。她熬夜趕工的時候，心情通常都不會太好，葳葳只要多煩她幾句就會被打臉，不是吐槽那種，是真的被搧耳光，然後隔天早上就會收到一些零用錢和一個短暫的擁抱。她拿著那些錢，努力忘記被打的感覺，在班上圈起了自己的小團體。葳葳的脾氣不是很好，這也算是媽媽留給她的東西，由於遊戲規則都在她手中，而那些規則沒什麼章法，因此團體成員汰換得很隨意。但大家不在意，因為她長得很像公主，在公主病還沒有被開發的年代，那是一種特權。

小四那年，媽媽再婚了，對象是個拉鍊供應商，叔叔還算溫和，但他的孩子們就不太好搞了。叔叔的公寓比透天厝小很多，葳葳搬進去之後，她的繼兄妹被迫擠進同一間房，這是個糟糕的開頭。加上她的功課一直都不好，打開課本就想睡，每科幾乎都是紅字，成績單上的分數變成餐桌上的甜點，負責在餐後取悅那兩兄妹，就連媽媽都不站在她這邊，斥責親生女兒似乎是她建立繼母威信的捷徑。即使長得再漂亮，葳葳終究是個漂亮的拖油瓶，光鮮的局外人。

這種時候，她會躺在床上偷哭，但想一想其實也沒什麼好哭。她好像沒有什麼值得想念的對象，也沒有誰特別在意她，連朋友都是買來的，眼淚根本沒用，誰也不會心疼。於是她想起媽媽當時割腕的樣子，或許媽媽根本不想死，只是想讓電話那頭的爸爸緊張一下。

國二那年，是時候讓媽媽緊張一下了——因為再也不想寄人籬下，於是她開始割腕自殘。媽媽只好帶她搬回透天厝，兩人從母女昇華成室友，過著用關門聲回應彼此的日子。過了兩年，葳葳考上護專後，決定住校，從此脫離媽媽。

專三那年暑假，葳葳第一次墮胎，對象是她學姊的男友。在五專畢業之前，她一共拿過四次孩子，每次都以為這樣可以留住男人，一直到很久之後她才明白，肚子裡的孩子跟電話彼端的男人，她只能選一個。

勉強畢業後，葳葳自知考不上護理師，加上喜歡喝酒，最後在快炒店老闆的慫恿下，穿上酒促制服，當時她的雙手已經集滿二十多條刀疤，只能各刺一條鳳凰遮住傷痕。

葳葳把賺來的錢全都花在男人身上，她想找一個真正在意她的人。以前只有身體，現在口袋有錢，手上至少多出一枚籌碼，但明眼人都曉得，接下來絕對不是一加一等於二的過程。

她第一次被送進精神病房是在二十三歲那年，比媽媽還早。那時她懷孕七週卻發現男友劈腿，男友基本上是靠她養的，因此她這次除了割腕還吞下三十顆安眠藥。在葳葳的生命中，永遠都在以身體、金錢與割腕這樣的順序留住一段關係，但她不知道，她爭取到的只是一張短期的延命許可。

二十五歲那年，媽媽又離婚了，她關掉工作室搬回故鄉，低頭央求葳葳支應一些生活開銷。於是葳葳回鍋當酒促，從快炒店轉戰夜店，認識了一個有運動員背景，性格溫和的公關。

她一向不問對方來歷，寧願先拿下也不錯放，一旦讓她感覺到自己被認定，她就會窮盡一切所能討好對方。直到那晚她看到他前女友的照片，突然感到一陣暈眩，那張照片把她拉回了精神病房與劈腿男友的身邊，她最害怕的劇情經過腦補之後，變成不存在的事實。於是她決定懲罰對方，但尺度永遠都拿捏不好，做不到欲擒故縱，只能嘗試彌補。

這種反覆無常的態度，在交往前會是迷人的詭計，交往後就變成惱人的日常，到最後還是只能走回頭路，割腕。於是我們都知道，運動男會因此心軟，一陣子後就受不了，接著開始躲她，最後就跟多數男人的下場一樣，過著隱姓埋名的餘生。

其實葳葳最大的困擾，在於她好像只能相信對方一次，額度用完就沒了，剩下的反覆無常其實沒有任何修補功能，純粹只是她沒勇氣親手結束一段關係。

後來葳葳的肝臟出了一點問題，於是在學姊的引薦下當上牙醫助理。這幾年，她總算過了堪稱正常的日子，陸續把牙醫助理的繼續教育學分修完，交了幾個男友，但沒再為誰懷孕或割腕，一方面是媽媽開始住進療養院，有時得返鄉照顧，一方面是因為沒那麼多錢可以投在男人身上。

直到前年年底，葳葳玩手遊時認識了一個香港男人。港仔住在旺角，普通話講得非常破，兩人聊的都是闖關祕技與外掛角色，偶爾傳傳香豔的鹹溼照，對話沒什麼深度，也沒碰觸到彼此的靈魂深處，但沒想到幾個月後，男人居然求婚了！於是她慌了，不知道該不該認真看待這件事。

因為她這輩子最希望的，就是被求婚。

港仔是在桃園機場求婚的，他事先跟牙科姊妹串通好，求婚影片現在還留在葳葳的手機裡。

簡單公證後，港仔就回香港了，兩人沒有宴客，為了工作，約定好婚後第一年先分居兩地。兩個月後，葳葳發現港仔跟女同事去夜店竟然沒事先報備，而且還不只一次，以往對男友都直接開鍘了，更何況是老公。於是接下來一個半月，港仔每晚都受到她的疲勞轟炸，未接來電和訊息滿到手機出現變重的錯覺，任何辯解都是徒勞，因此索性關機。那時他還沒意識到這是個嚴重的錯誤，畢竟沒有學長告訴他該怎麼做。這一關，啟動了葳葳的引擎，她單槍匹馬地衝出島國，殺到旺角，當晚就割腕。

距前次割腕已相隔五年，最新的這道疤則留在鳳凰的腹側。隔晚就是聖誕夜，飽受驚嚇的港仔決定離婚，這是葳葳收過最意志堅決的聖誕禮物。這次她比較冷靜，默默收拾行李，畢竟人在江湖漂，哪有不挨刀，幾年闖蕩也多了長進。

拖著行李回到機場後，姊妹們全都站出來相挺，一口咬定港仔劈腿。但她很清楚，真相已經不太重要，全都是衝動誤事，只因為她想在三十歲之前把自己嫁掉。

香港辦離婚十分麻煩，得等到一年之後，台灣辦離婚就比較人性，但有了之前血濺五步的經驗，港仔認為只有頭殼壞掉才會飛過來，於是這段關係就被卡在八百公里之間，動彈不得。

葳葳一直以為自己可以很瀟灑，但其實她非常心痛，痛到像被掐住脖子。這次她徹底意識到自己的「失敗」，即便被婚約綁住，對方還是會溜走，每個人都會從她手中溜走。她常笑說自己是個掉漆的捕手，因為她只會在同一個位置接球，接不到就怪投手，但在我看來，根本是她亂給暗號，才讓投手無所適從。

因此，她之所以坐在我面前，並不是因為邊緣型人格，而是「恐慌症狀」。每次一看到跟「未來的前夫」有關的訊息，她就會胸悶、頭暈加呼吸困難，就像當年看到運動男的前女友照片，這些畫面都在提醒她，「你又要被拋棄了」。

當然我們都知道，她的困擾絕對不只恐慌症狀，她處理情緒的方式才是問題的根源。

面對邊緣型人格患者，目前最通行的治療方式叫做「辯證行為治療」（Dialectical Behavior Therapy，簡稱ＤＢＴ），是由華盛頓大學心理學教授林納涵博士（Marsha M. Linehan）於一九九一年提出的，主要是針對自殺行為。

我知道，光是「辯證」（Dialectics）這兩個字聽起來就很令人頭痛。一般而言，辯證法指的是「以語言為基礎，從相對的立場去說服對方，接受自己的論點」。然而在辯證行為治療中，辯證指的是「在極端的狀態中尋求整合」，畢竟現實世界隨時在變動，變動則源自相對的力量彼此拉扯，這和人心的狀態一樣，因此辯證的目的在於「達成平衡」。我們不會一味地要求案主改變，但也並非全然接納他的症狀，而是在「改變」與「接納」之間形成一股協調的力量。

也就是說，該宣洩情緒的時候，我們接納，該改變行為的時候，我們一起討論解法，將愛恨之間的那條線，慢慢拉出寬幅與彈性。

起手式一樣是從對談開展，但對談的目的是讓案主理解兩件事：「自己的行為是否能解決困境？」以及「這種行為是否需要改變？」在案主說故事的同時，加入醫療觀點的碰撞，逐步澄清不太合宜的想法，讓案主從相對的角度來看自己的狀態，再決定是哪些行為可以接納，哪些則需要改變。

上一篇〈「邊緣型人格」不是邊緣人，比較像恐怖情人〉提到，性格是很難改變的，因此面對邊緣型人格，我們最能鬆動的，還是他們「處理情緒的方法」。

以葳葳為例，她的療程會有以下幾道工序：

一、傾聽

一定要先「詳細聽她說完整段故事，並反覆澄清細節」，這樣做能讓她感受到自己的歷史被人尊重。也因為如此，治療者才得以理解她處理情緒的方式，其實深受人格養成影響，而非單純的恐慌發作。

二、覺察情緒

由於葳葳的主訴是恐慌症狀，首先要教她「辨識情緒的種類」。就這次事件而言，除了「害怕」之外，還多了「憤怒」，也就是說，對失去關係感到害怕，對於對方棄守感到憤怒，最後以生理症狀表現出來。覺察情緒最大的好處，在於讓葳葳知道：「自己的情緒怎麼來的？」做到這件事，才能讓她明白：「自己究竟發生了什麼事？」

三、接納自己的情緒

嚴格來說，這個做法應該要散布在治療的各個角落。我想讓葳葳知道，有這樣的情緒很正常，畢竟一旦交換人生，我也會很害怕被拋棄，很不甘心對方離開，只能用激烈的手段引起注意。讓她知道：「有這樣的情緒沒關係，情緒本身沒有對錯，它也是一種身體的反應。怎麼處理才是重點。」

四、思辨

接著進入重心，我會帶著葳葳仔細回想過往的事件，當情緒跑出來之後，根據以往的做法與行為，進行反思，也就是：「試圖自殺或自殘，對現況究竟有沒有幫助？有沒有成功挽回過一段關係？」問答一旦成立，就能讓她看到「自殺可以宣洩情緒，但並沒有達成最後的目的」，而這個結論往往是改變行為的契機。

五、找出策應的方法

根據不同的情緒，對應不同的做法。由於葳葳性子比較急，為了緩解恐慌症狀，呼吸練習會比冥想更有成效。要是「生氣」，就把想法寫在「情緒覺察作業表」上，仔細地寫出原因，當成回家作業，除了練習覺察，也能轉移注意力。若是「難過」，就直接找姊妹們訴苦，也可以隨時寫信告知我。以上這些做法，都是為了提升她的「危機處理能力」，以及「控管衝動行為」。經過三個月後，我們拿這些做法來跟割腕相比，列出情緒強度的變化，除了讓數字說話，也讓葳葳了解「自殘的當下很過癮，但效果最不理想」。

治療踏入第六個月，在我的建議下，葳葳順利完成了離婚手續。至於那張可憐的「情緒覺察作業表」則時常被她分屍又拼裝回去，有時還會附上一串令人嘆為觀止的國罵連發，雖然情緒控制依舊不太穩定，但至少她願意正視自己的情緒。我們也約定好這一年內不再自殘，即便毀約的可能性很高，但除了自殘之外，能夠起步嘗試其他的因應方法，對她而言已經是巨大的進步，在這時候，我就是她的捕手。

第一次會談告一段落後，我突然想起一件重要的事，隨口問她：「你在夜店認識的那個男生，是練鐵餅的嗎？」

「噗！」她以一種蔑視的眼神投向我，「鐵餅是阿伯在練的吧。他是丟標槍的啦，我還去他們學校看過幾次，丟起來超威的。鐵餅不能比啦，車輪餅都比它有用。」

「那你媽媽的老家在宜蘭嗎？」

「不是，她住台中。」

「那我就放心了。」差一點就說出口了。阿傑如果在場，這種要命的巧合應該會讓他嚇到吃手。

「不過這段治療結束後，我應該會回台中工作，因為我老闆在台中拓店，剛好也可以照顧我媽。你剛才這樣一提，我突然有點想念那位夜店帥哥耶，那種型的很不錯，希望台中也有，我等不及要去台中了。」

我當下心裡想的是，該怎麼樣在下次治療時不動聲色地告訴她，如果某一天在診所遇到了長相帥氣、性格溫和，又有運動員背景的人夫去洗牙時，千萬不要出手。

人世間所有的相遇，都是久別重逢。

唉。

自殺預防

自殺突擊隊（上）

很多自殺的人，不是因為「想死」，而是「不知道該怎麼活」。

「你想死嗎？」

扣除夫妻間的甜蜜對噴，上一次聽到這個問句，應該是十一年前的某個下午——問候我的是一位新訓班長，原因是我丟完手榴彈之後忘記趴下，這代表我已經死了，而且還抄襲了前面三位同梯的死法，比起軍人，我們更像自殺炸彈客。在南國的炙熱下午，面對一群前仆後繼自殺的新兵，班長應該比任何人都還想死。

十一年後，年初六的下午，我正在急性病房進行團體治療時，又再被問候了一次。

過年後的病房一如既往清靜，原因很簡單，因為過年前進行了一次床位清倉。清倉的理由也很簡單，一來是多數病友都想返家過年，二來是舒緩照護人力，因此只要狀況許可，主治醫師大都會讓病友在除夕前出院。換句話說，被留下來的都是「一時之選」。

但我忽略了這件事。由於開工倦職，我一心掛念三點半咖啡買一送一的限時優惠，於是打算帶個簡單的放鬆訓練交差，反正病人不多，團體通常會提前結束，多出來的時間正好夠我買杯咖啡，度過一個慵懶的下午……

我們都知道，會把想像寫在前頭，就表示現實發展與慵懶的下午無關。在接下來這段胡亂展開的劇情中，我被迫招募了一支「自殺突擊隊」，每個人都在拉開我和那杯咖啡的距離。但幸運的是，我最後還是喝到了那杯咖啡。

團體時間已經超過五分鐘，病人們意興闌珊地走進團體治療室。我把「漸進式肌肉放鬆訓練」（Progressive Muscle Relaxation）的八個步驟依序寫在白板上，並搭配簡易的示意圖。在我的板書生涯中，能夠寫得如此順手的時刻實在屈指可數，於是我喜孜孜地提筆落款——然後證明這件事一點意義也沒有，因為這幅圖文並茂的神作，十分鐘後就會被大家遺忘。

成員一共五人，三男兩女同坐一排：最右邊是個小哥，再來是中年男子，戴毛帽的老伯坐在主位，神情肅穆，如果這是婚禮現場，他看起來就像準備一槍幹掉新郎的岳父，倒數第二位是個熟女，最左邊則是大嬸。

我仔細打量眼前這套陣容，迅速分析戰力，最後確認不出三十分鐘就能迅速埋單，而且我連流程都想好了。先說明團體規則，再請成員自我介紹，然後詢問大家：「平常都做什麼運動呢？」接著串聯彼此的運動經驗與放鬆技巧，最後進行肌肉放鬆訓練，完美收官，咖啡到手，開心！

就在我暗自竊喜的同時，咖啡杯上的熱氣似乎飄出了想像框，於是我伸手把熱氣驅散，然後發現自己很難向病人解釋這樣的舉動。

五個人當中有兩張新面孔，應該都是春節期間入院的，一位是小哥，一位是老伯。簡單地自我介紹後，我便指向那位瘦弱的小哥。小哥一頭中長髮，面容和善，若紮個馬尾看起來就像日本攝影師，是裡頭比較有書卷味的，適合請來開場。

「邀請最有溝通能力的成員發言」，是團體治療熱場的重要原則。

「嗯……大家好，不好意思，我沒念什麼書，也不太會講話。」小哥站起來，有點害羞地用這句話打我臉，「我之前是做宅配的，這是我第一次住這種病房，還是有點不習慣，不過護理師都對我很好，建議我少喝咖啡，所以這幾天吃了藥比較好睡。」

「原來如此，那你平常喜歡做什麼運動？」不行！簡直莫名其妙，就算趕進度也不能問得這麼猴急，還是照規矩來好了。

「你願意分享一下住院的原因嗎？」

「我……我自殺，就在除夕夜。」

「欸，自殺？我也是我也是！」熟女突然舉手，就像禿鷹看到兔子一樣興奮，「你怎麼弄的？」

「割腕。」小哥還沒講完，熟女突然一個箭步衝上去抓他的手腕，然後翻了白眼，表情就像買到壞掉的魚，「根本都還沒拆線，看你這樣應該是第一次，很痛喔，做久了就會習慣，看我這裡三十幾條。」她一邊展示自己的手腕，一邊走回座位。

熟女所言不假，她手上的整排刀疤簡直跟溫度計刻度一樣錯落有致。

她回座後並沒有放棄跟宅配男抬槓的機會，還教他一些護理技巧，包括洗澡時手要怎麼舉，傷口才不會碰到水之類的。中年男子則像在挑水果一樣地擅自觀察宅配男的傷口，然後開始偷笑，這一笑讓大嬸帶著廣東腔加入對話，要中年男子放開他的手，說這樣很沒愛心，於是兩人開始互噴。唯一不動如山的只有老伯，他依舊想對新郎開槍。

於是我發現，要把「平常都做什麼運動呢？」這句話插進團體的機會，已經愈來愈渺茫了。

「為什麼自殺呢？」

這原本是我的台詞，咖啡已經完全脫離我的想像框，放鬆訓練圖也被我翻到白板的另一面，但出聲的卻是老伯。

「是啊，你介意跟大家說說原因嗎？」我及時回神，把目光投向宅配男。

「不介意，但這真的是有點丟臉，希望大家不要笑我。」宅配男把頭髮撥向耳後，「我沒什麼一技之長，退伍後就到物流公司當司機，一做十幾年。我弟弟、妹妹比較爭氣，一個被外派到加拿大，一個在中國大陸，他們都有自己的家庭，所以媽媽就交給我養。但是沒關係，我收入很穩定，而且媽媽對我最好，養她是應該的。

「一年多前，我在上班途中為了閃一隻貓，不小心自摔撞到頭，後來開車就時常恍神，開到一半腦子會突然空白，結果被投訴了好幾次。之後公司叫我去體檢，沒想到居然是癲癇，那時候腦子就真的一片空白。我不知道該怎麼養媽媽，因為法律規定癲癇患者不能駕車，公司又不認定這是職災，只願意讓我轉內勤，薪水還會少快一半，於是我猶豫了很久。公司看我一直沒回應，就把內勤的缺補上了，我想說算了，反正我電腦很爛，工作再找就好。

「可是癲癇真的很倒楣，我從來沒有大發作過，也都有按時服藥，只是會偶爾恍神，但居然什麼工作都找不到！更倒楣的是，我不算那種難治型的『頑性癲癇』，所以不能申請身障證明。我知道很多癲癇患者其實都有駕照，因為他們考照時不會主動告知，醫師也說我情況還算穩定，可以開證明幫我背書。但我不想害人，這種事只要出錯一次就是一條命，我爸就是車禍過世的。所以每次面試，我都會主動告知病情，然後下場就是被狂打槍，我不曉得中彈幾百次了，然後就開始自暴自棄。

「前幾個月，我當上社區保全，那是在病友群組裡靠關係找到的，想說終於可以安穩地工作，每天騎腳踏車上班也很自在，結果三個月後，被住戶抱怨說我都不打招呼，我就真的沒注意到啊！主管本來要幫我求情，說我有在吃抗癲癇藥，結果主委一聽更火大，說不把我開除就要和公司解約，連讓我做到過年後都不願意。

「除夕那晚，我跟媽媽一起吃火鍋，我什麼話都沒講，因為電視裡的笑聲聽起來很討厭。後來弟弟、妹妹打來拜年，媽媽還說家裡的狀況都還好，我的工作也很穩定，但他們根本不知道我有癲癇。我聽不下去，躲進房間一邊喝酒，一邊哭，突然覺得人生很不公平，我才三十幾歲，卻是個沒有未來的人，乾脆死一死算了，於是就趁媽媽講電話時割腕。自殺已經夠丟臉了，更丟臉的是，我還哭著找媽媽求救。」

「有人覺得這是個很丟臉的故事嗎？」

我看著其他成員，老伯和熟女搖搖頭，大嬸則托腮看著窗外。

這段發言就像個漩渦，把站在邊緣的人，統統捲進了某種集體回憶裡。

「沒啦，哪會丟臉，那是你做人太憨直。不過少年仔，」中年男子噴出道地的台語，然後指著他那道長長的傷口，「你嘛卡拜託一下，這樣割根本不會死啊，哪有割腕割直的啦，笑死人，還跟血管平行，看起來就像被貓抓的。你這樣真的很外行。」

不只其他成員，連宅配男本人也忍不住苦笑。

「那我們能不能邀請這位成員，跟大家分享他的內行經驗呢？」我看著中年男子說，團員們紛紛鼓掌。

「老師你別開玩笑啦，割手我沒興趣，我之前是跳樓，然後就一輩子長短腳了。」中年男子站起來，拍拍自己的小腿，用聲音表現這項缺陷。「我以前是木工，在桃園開家具工廠，我那間名聲還算不錯，料也很實在，品質一流的。別看我現在笑頭笑面，以前員工嘛都叫我什麼鬼見愁。」

愁個頭！鬼剃頭還差不多，根本就緊張得要命，眨眼次數超標，呼吸一點也不順暢。護理紀錄寫著他入院後疑似急遽掉髮，應該是焦慮特質作祟。這傢伙的言行雖然浮誇，但性格還算討喜，適合當團體氣氛催化者，我決定冷場時就把球丟給他。

「這幾年喔，政府都不知道在衝三小，一直開放大陸貨進來，價錢壓得有夠離譜，原本跟我合作的設計師都拿他們的貨，家具行也只會砍價。我這真材實料耶！結果整間工廠都被阿陸仔巴假的，根本不用玩了，台灣製造無效啦。我跟你們說，阿陸仔都用黑心貨，木頭劈開裡面嘛都塞棉花。」

「胡扯！」坐他隔壁的老伯又開口了。老伯年約七旬，頭戴毛帽，脖子上圍著國旗圍巾，面色蒼白。他兩天前才從感染科病房轉過來，病因是肺炎。

鬼剃頭看了老伯的圍巾一眼，「喔，你在野黨的喔，免驚啦，我對政治沒興趣，誰能讓我賺錢，我就投誰，讓我賠錢的政府就是我的敵人。原本想要給政府一個機會，結果這兩年拎北還真的賠到剩內褲，師傅一個一個離開，工廠只好收起來，機器還被外勞仔扛走，最後整批原木桌椅賣給家具行，三折！順便被他們的業務尻洗（挖苦），說當初如果接受砍價，今天早就蹺腳數錢了。說到丟臉，我五十多歲還被年輕人這樣尻洗，不是更丟臉？

「那些成品都是我的心血，跟我的囝仔一樣耶，不過台灣人的屁股分不出品質，我最後只好賤賣那些孩子。那天業務一走，我一個人慢慢走到頂樓，根本沒聽到太太在下面喊我，結果一往下跳我就清醒了。不是講笑喔，那速度真的有夠快，水泥地直接往我臉上衝，好險我命大掉到隔壁的遮雨棚，骨盆錯位，所以變成長短腳。現在要是從五樓往外看，拎北就軟腳。」

「我明白，我的店也被收了，但我不敢跳樓，很痛耶。」大嬸隔空對鬼剃頭說道。

「跳樓算是比較堅決的做法，沒什麼挽留的餘地，我相信業務那段話一定讓你很痛苦。在這裡我們先謝謝這位鬼剃頭，啊不是，鬼見愁分享這麼痛苦的內行經驗，請大家給他一點鼓勵。」

宅配男拍拍他的背，眾人鼓掌致意。

「嘖，你跳樓算啥事啊？老子跳河！」在野黨看起來被鬼剃頭激起了鬥志，等一下應該會比來比去吧。

既然大家都陸續分享這件事，我決定調整團體治療的主軸。

「看來，大家似乎都有自殺經驗，不如我們來聊聊這一塊吧。」

「老師不要啦，這樣甘好？如果大家都有自殺經驗，這樣聊一聊，萬一誰出院後跑去自殺，該怎麼辦？」鬼剃頭比出跳樓的動作。

「如果明天就能出院，你會想死嗎？」

「別鬧了，我抽菸都來不及，拜託讓我抽一下。」

根據資料，鬼剃頭兩週前被強制入院，原因是喝酒鬧事。依照病室規定，強制的案主在住院期間不得請假外出，於是他被菸癮搞得生不如死。

「不過我們才剛聊完你的自殺經驗，如果能夠出院，你看起來不會去自殺啊。」

「這樣講是沒錯啦，可是……」

「確實，一般人都認為跟病人談自殺，對方就會去自殺。」我的語氣轉為正經，繼續說道：「但仔細想想，這個邏輯根本不通。

「一般而言，人會選擇自殺，一定是這個選項產生了某種『吸引力』。但是談自殺不是開直銷大會，我們不會慫恿各位去做這件事，也不做多餘的批判，而是純粹把它當成一件中性的行為來討論，自然不會有任何吸引力。

「我們之所以談自殺，主要是想了解事發的原因、各位當時的心態，以及自殺帶來的後續影響。最後邀請大家客觀地想一件事，那就是：『採取自殺行為之後，你們得到想要的東西了嗎？』

「比起談論自殺，道德勸說反倒更容易出現反效果。一心想自殺的人，不會因為這些勸說而改變心意，這些話只會讓他們覺得自己不被理解。不想自殺的人，根本不需要聽這些警世箴言。因此，我希望能和各位一起好好面對這件事。如果可以，請各位先閉上眼睛，不要受其他人影響，願意分享或願意聽別人聊的請舉手，不想聽或覺得難為情的，可以直接離席沒關係。」

五個人都舉起手。

「好，感謝大家的參與。在座有自殺經驗的，麻煩舉個手好嗎？」

宅配男與鬼剃頭率先舉手，接下來是熟女。在野黨調整了圍巾鬆緊度之後，緩緩舉手。最後那位廣東腔大嬸則顯得有些遲疑，但我知道她的病史，她看了我一眼，露出一種偷藏違禁品被逮到的表情，認命地舉起手。

「靠北！我們這團是自殺突擊隊耶。」熟女一下子多出四個盟友，開心到爆炸。

「老師老師，那我當黑寡婦好不好？」

根本就一整個走錯棚了啊！但她完全不在意。她輕扯著在野黨的國旗圍巾，上半身整個挨過去，對他說：「你來當台灣隊長。」

「什麼台灣隊長，別亂講！」在野黨正襟危坐後冷回一句。

沒想到一把年紀居然還知道這是「復仇者聯盟」的角色，根本和自殺突擊隊無關，於是我用眼神送出掌聲，然後聽到他說：「我可是中華隊長。」

唉。

「除了割腕、跳樓，」我依序將這些方法寫在白板上，接著指向「黑寡婦」，「請問你的經驗是？」

「我之前都割腕，只有這次吞安眠藥，吞了六十幾顆。」

「我燒炭。」大嬸接著說。

「我剛說了，跳河。」在野黨說道。

「好，因為這件事，身體產生後遺症的請舉手。」

黑寡婦率先舉手，「老師，插洗胃管的時候，被插到流鼻血算嗎？洗胃超不舒服的，而且買一堆安眠藥很傷本耶，我之後再也不吞藥了。」

「嗯，雖然這不算後遺症，但算是一次成功的心理陰影。」

除了宅配男和黑寡婦，其他三位成員全都舉了手。鬼剃頭是骨盆移位。

此時，在野黨邊咳邊說道：「我的肺炎還沒痊癒，都是這次跳河害的。」

「那麼，跳河有讓你得到想要的東西了嗎？」

「想要的東西？說實話，我根本沒想到自己要什麼東西，就是一時衝動。」

「會後悔嗎？」

「這樣說吧，要承認後悔，我說不出口。但我不想死鴨子嘴硬，畢竟跳河這件事不划算。不單是因為我得到肺炎，更重要的是，對我和孩子的關係一點幫助也沒有。」

「怎麼說呢？」

在野黨露出左手前臂的刺青，「效忠黨國」四個字，「我是個老芋仔，在部隊幹了四十多年，士官長退休，去年加入反年改團體。」

「厚，你們有去鬧世大運開幕喔，按呢你是政府的敵人。」鬼剃頭的表情十分欠揍，嘴角不停抽動，彷彿叼了一根空氣牙籤。

「是又怎樣？」

「免驚啦，我們是朋友。」鬼剃頭拍拍他的胸口，「敵人的敵人就是朋友。」

「不過，確實從世大運那事之後，兩個兒子就不太常回來看我了。我跟各位說，這種陳抗活動很講人情的，老同學邀你加入，能不去嗎？不去就是裝清高。開幕式那天我根本沒進場，但兒子不相信，講得一副我禍國殃民的樣子。他媽的，老子又不缺錢。老婆十多年前過世了，現在孤家寡人，三餐粗茶淡飯，這次年改對我沒啥子影響。但有些人的孩子不爭氣，一家老小就靠他的退休俸過活，也有些人舒服日子過慣了，突然要縮衣節食，他們還真的沒心理準備。而我圖的也就是幫老朋友發個聲，大夥一起聚聚，至少不會那麼寂寞。」

聽到在野黨喪妻又寂寞，黑寡婦再度貼了上去，雖然阿伯極力表現出心如止水的樣子，但看起就像個唐僧，而且還是耳朵一直被女人吹氣的唐僧。

「半個月前，他們計畫突襲立法院，我覺得不妥，想找兒子商量。結果他們居然說沒有我這種父親，說什麼鄰居都知道我反年改，到時候孫女會被人指指點點啥的，搞得老子他媽叛國一樣，我立刻叫他們滾出去！那晚我沒吃飯，只喝了點高粱，然後一個人到河濱公園散步，忽然覺得人生很悲哀，辛苦大半輩子，一點底氣也沒有。那種空虛的感覺，就跟剛才那位有癲癇的年輕人一樣，接著一個念頭就往下跳了。坦白說，當時還真的沒想要得到什麼，純粹是氣不過，乾脆消失算了。

「結果運氣不好，那晚來了寒流，我在河裡嗆了好幾口水，不斷喊救命，幸好被夜跑的民眾救起來。我一上岸就凍暈了，每吸一口氣都像吸進刀片一樣，那些刀片一直在割我的肺，我那時候就後悔了，只想趕緊到醫院休息。一開始先進加護病房插管，然後主治醫師擔心我還想自殺，才把我送過來這裡。要講丟臉，我比前面兩位都還丟臉。」

男人就是這樣，連丟臉都要比，看誰最贏。

「別這麼說。但如果換成其他方式，結果會比較划算一點嗎？」

「不知道。我到現在還記得小孫女在床邊哭的樣子，只要會讓她哭，什麼方法都不划算。」

「我也不想看到我媽哭。」宅配男突然紅了眼眶。「我的身體雖然沒什麼後遺症，刀疤也可以騙人說是意外割傷的，最多穿長袖遮起來。但我媽坐上救護車之後，就先叫我不要怕，然後一邊哭，一邊跟我說沒關係，好像很能理解我的樣子。那句『沒關係』就是我的後遺症，晚上睡覺的時候，我總是會想到那句話。」

宅配男默默地流下眼淚，好幾個人開始掏口袋，我用眼神示意鬼剃頭，讓他過來抽講台上的衛生紙。

●

「你呢？」我轉而問大嬸，「你有什麼後遺症？願意分享嗎？」她不是第一次住院，但公開談這件事還是第一次，我想試探一下她對團體的信任度。

「我這裡變慢了。」她指著自己的腦袋，「我上個月才做完第十次高壓氧。」

大嬸是第三次住院，綽號「十三么」，一聽就知道精通香港麻將。台灣牌也玩得風生水起，出手既快又準，一旦上了牌桌，其他三家的牌面根本都是透明的，那是她第一次住院時，我跟她的交手經驗。幸虧那天玩的是衛生麻將，她又故意做牌給我，不然照她這種贏法，一定會被工作人員關進保護室。

可惜第二次入院時，這位雀聖的功力大減，連牌也拿不穩，就像被斷了手腳筋的劍客，箇中原因就是燒炭。

二十多年前，鄰近九七之際，十三么跟著先生從銅鑼灣移民到台灣，先生在獅子林當廚師，十三么則幹起類似委託行的勾當，從港島夾帶私貨跑單幫，帶的全都是義大利高級襯衫，再轉一手給迪化街附近的精品店，基本上賣一件賺一件，幾年後便自立門戶，開了間港式燒臘店。

十三么牌技了得，原本小賭怡情，興致一來還有先生夾在中間緩衝，幾年前先生過世，十三么賭癮大發，無奈雙拳難敵四手，遭街坊聯手設局成了家常便飯，最後還賠上燒臘店。為了戒癮，她甚至跟隨女兒受洗，可惜上帝輸給賭神。

兩個多月前的某個夜晚，她在私人賭場原本贏了一百多萬，沒想到警方破門而入，賭本悉數充公，她倒賠六十多萬，保釋後兩天，在家燒炭自殺。由於門縫塞得不夠密實，樓上的鄰居發現異味，經由警方通報，成為本區自殺關懷中心的個案。

「我很怕痛，所以像很多人一樣，只想用最舒服的方式自殺，以為睡一覺起來就能跟天父打招呼。但是想不到，我的安眠藥吃得不夠多，那種感覺很恐怖，就像『俾鬼砸』——你們台灣話是什麼來的？喔，對，鬼壓床！那時候我腦袋很清醒，身體卻動不了，整個房間都是煙，我只能一直被嗆，喉嚨痛得要命，然後等死。等死是我遇過最可怕的事。接著我就昏過去了。我當時只想著一件事，『希望醒來後還能說話』，不管對象是上帝或人類都可以，我不要變成植物人。」

「那麼，燒炭有讓你得到想要的東西了嗎？」

「我只想要解脫。而且我相信很多人都只想要解脫，這是自殺的人最想要的！」

「那你解脫了嗎？」

她露出一種「要是解脫了，我還會坐在這裡嗎？」的表情，「朋友都說要想想家人，但我當時只擔心被地下錢莊『追數』，就是討債啦，身邊沒人能幫手，又怕女兒被牽連，只好去死，起碼讓這條數斷在我身上。你們台灣政府常說自殺解決不了問題，但是我活著也解決不了問題啊。不准我們死，我又不知道該怎麼活，你說怎麼辦？」

確實，很多自殺的人，不是因為「想死」，而是「不知道該怎麼活」。

「我知道自己好有問題，我就是爛賭（病態賭博），那我自己負責囉。當然錢莊有派人來談，我也還剩一些本錢，但我當時真的顧不了那麼多，我最害怕的，其實是自己又跑回去賭。」

「好，那如果再給你一次機會，你會再多服幾顆安眠藥嗎？」

鬼剃頭聽了倒抽一口氣，這下他更確信團體結束一定會有人自殺。

「不會，反正他們還是會跟我女兒追數。死是最不值錢的，只會把欠的錢連到另一個人身上，幫錢開另一條路，這是我做完這麼多次高壓氧，最重要的感想。」

對於燒炭自殺的案主，高壓氧治療（Hyperbaric Oxygen Therapy）的作用在於立刻供給高濃度的氧氣，增加血液含氧量，藉此降低一氧化碳中毒併發症。但十三么進行高壓氧的時機稍晚了一些，因此才會出現記憶退化、手腳顫抖等中毒後遺症。

「我記得第一次走進那個氣艙時，裡頭好像……」她側著頭想了一下，「好像坐了十個人，每個人都要戴面罩，面罩上有條連結氧氣的管線。其實治療時不太舒服，常常耳鳴的，鼻子也會痛，每個人的表情都不開心。坐在裡頭，唯一能做的事就是看這些管線，猜它們會動幾次。結果我慢慢發現，自己欠的錢就像那些氧氣一樣，就算去死，還是會傳到其他的管線裡。除了還錢，沒有其他方法能阻止這種流動。」

「那你後悔嗎？」

「不知道該怎麼說。我現在不太能打牌了，注意力好差，有時會漏掉上家的牌，有時又忘記下家聽牌，好常放砲。麻將原本是我人生最犀利的本領，現在連天九都不太能玩。好處是不用怕被人追數，女兒會留點錢給我買樂透，沒事就帶孫子，生活少了刺激，但也不會被人刺激，所以我不知道該慶幸還是後悔。不過講真的，我只害怕一件事。」

「什麼事？」

「我怕會忘記我老公。」

我在白板前停了一下，「我想，有些人之所以不再嘗試自殺，或是選擇不易立即死亡的方式，通常是因為還有牽掛的人。不幸的是，通常要經過自殺未遂，那些人才會從腦海中浮出來。」

「老師！」黑寡婦突然舉手問道……

「你想死嗎？」

如果你對自殺有所懷疑，
就請你繼續保持懷疑，
哪怕只有一點點也好。
只有懷疑，才能讓生死拉開一些空隙，
再透過那空隙，
看到一些多出來的選項。

自殺預防
自殺突擊隊（下）

移除痛苦的方式，不一定只有自我了結。

「老師！」黑寡婦突然舉手問道：「你想死嗎？」

一說完她便意識到自己似乎少講了幾個字，於是趕緊把那幾個字補回去，「……不是啦，我是說，你曾經有想死嗎？」

「嘿嘿，火燒到自己身上了吧。」鬼剃頭沒說出來，但那笑容差不多就這個意思。

「會啊，每次醫院搞評鑑時，我都超想死的，不過這種『我超想死的』其實等於『感覺超煩的』。如果認真講這件事，那是我研一的時候，當時每天都在翻譯原文書，幫實驗室跑統計資料，報告根本寫不完，還跟女友分隔兩地。雖然回到故鄉念書，卻覺得自己像個局外人，孤單得要命。後來在某個凌晨，我趕報告趕到一半時突然覺得『好想死』，於是直接把電腦關掉，報告丟到一邊，然後想像自己坐在陽台矮牆一頭往外栽的感覺。那種想像大概維持了好幾天，一直到期中考結束，心情才好轉，後來發現那晚關電腦時好像忘記存檔，於是又變得很想死了。

「很多時候，當一個人說出『我很想死』的時候，他的潛台詞其實是『我現在很痛苦』。他可能連自殺的形式都沒想好，只是想逃開當時的處境，或是那處境所帶來的痛苦。他想要的，只是『讓痛苦消失』，怎麼樣都好，但離真正的自殺行為都還有一段距離。這也是為什麼我們常說，想自殺的人當中，有七到八成都會回頭，就看接下來有沒有足夠的空間讓他轉身。」

「如果遇到那種正在猶豫的，你們都怎麼處理？」在野黨接著問道。

「剛剛說過，對八成的人來說，自殺這件事並不是本能反應，不是搥膝蓋就會踢腿，不是念頭一轉就會直接去死，這中間都還有一段空檔。心理師能做的，就是利用這段空檔，一起討論想自殺的原因，理解他的立場，幫他判斷訊息是否正確，陪他思考可行的選項。多數想自殺的人都會透露出訊息，有些人只要被聽到，被理解，他就不覺得被這世界敷衍。有些人只要給他時間緩衝，那股執念就會退散。有人只要補足訊息，提出新的選項讓他參考，他就能解決問題。畢竟會採取自殺，通常是因為突然『失去解決問題的能力』，或『缺乏陪伴支持的對象』，若能把這兩個洞同時補起來，他跌進深淵的機率就會變小。」

「老師，那你碰過死意堅決的人嗎？」宅配男舉手問道。

「有，當然有，而且還不少。但我想先問問大家，各位都是過來人，都跟死神打過照面，你們覺得哪種自殺類型是最難救的？」

「沒錢啦，這絕對第一名，誰來救都沒路用，錢來救最實在。」鬼剃頭不假思索地說道，十三么比出大拇指。

「絕症也救不了，我有個學弟，食道癌快十年，一直想去比利時安樂死，家人怎麼可能答應。結果去年他上吊了。告別式那天，我還狠狠唸了他一頓，結果我自己也……唉……」在野黨搖搖頭。

「我覺得是夫妻其中一人突然過世，那種人最難救。」宅配男說道：「我爸爸在我國中時被撞死，出殯後沒幾天，我媽就吞農藥，而我是唯一的目擊者。結果她被救醒之後，就像老師講的一樣，好像突然想起自己還有三個孩子要養，之後就再也沒自殺過。我這次割腕，她很能理解，而且很自責當初做了不好的示範。」

「大家說的都沒錯，大概不脫這些類型。若是一般的憂鬱症狀或情傷所引發的自殺都還好談，但根據我自己的經驗，以下四種情況非常棘手，幾乎都是一心求死，徹底超出我個人的守備範圍，必須動用更高層級的資源。」

接著我一邊在白板上寫下這四種情況，一邊解釋。

第一，經濟問題。其中以被詐騙的人居多，也有投資失利或過量借貸的，但不代表每個人都會因此而自殺，只是一旦面對錢，醫療體系無法開門，只能指路，或請社福機構接手。大多數的人都以為這種案例最多，但根據一〇六年全國自殺防治中心統計，因經濟問題而自殺的，大概只占自殺人口的百分之十。也就是說，只要願意協商都還有機會，因為對方比任何人都還擔心你自殺，人一死，什麼都拿不到。

第二，久病未癒。這大概是比較能讓人理解的類型，人只要痛到某個程度，越過了那條線，拋棄肉身就會比治療肉身來得容易，因為它裝的不再是命，而是痛。也因為如此，安寧照護才會愈來愈受到重視。

第三，精神疾患。這是最難預防的類型，那種時常把死掛在嘴邊嚷嚷的人都還好應付，至少他們還希望別人在意這件事，但有被害妄想與幻聽的患者就真的讓人頭痛。他們平時不動聲色，即便會談也堅不吐實，因為長期被幻聽與妄想威脅，也知道根本沒人相信，因此拒絕透露任何自殺訊息。然後就在出院後某一天，在自家頂樓跳樓身亡。

第四，失去最親密的人。這是最讓人無助的類型，因為結局通常是連一拉一。

寫到這裡，我放下了筆，說道：「我記得那是七、八年前的事，社會局轉介了一個有自殺意圖的中年婦女，她先生在海釣時不慎被浪捲走，一星期後才被漂回岸邊。她的雙親早逝，加上晚婚，跟先生約好不生孩子，於是唯一能讓她留在這世上的理由也不存在了。她真的一無所有，變成一個和這個世界沒有關聯的人，變成一個我根本不敢去同理的人。她曾經說過，死亡是件很神奇的事，在生死之間畫條線，人一旦跨過去，生前的種種都會變得完美，再多缺點都會翻轉成美好的回憶。她愈想起先生的好，就愈不能忍受孤單，會談後兩週，她選擇跳樓，自殺身亡。

「之後我憂鬱了一個月。因為整件事的劇情與結局早就寫好了，而我只是負責試讀的人。前面說過，多數人之所以自殺未遂，是因為他們有牽掛的人，然而當一個了無牽掛的人想跳樓時，唯一能阻止他的只有地心引力。」

全場變得靜默，有段時間沒發言的黑寡婦，此時緩緩地說道：「老師，那我應該是這裡面最有資格自殺的，因為我就是一個了無牽掛的人，每個男人都不想跟我有任何瓜葛。」此時，右邊三個男人點頭如搗蒜，尤其是在野黨，他真的很虛，應該再也禁不起對方進一步的調戲了。

「那你願意跟大家分享你的故事嗎？」

黑寡婦是個邊緣型人格患者，住院頻率就像進戲院，那些刀疤就是票根，同時也是拿來偵測同類的感應器；但嚴格說來，她並不是典型的邊緣型人格。

四十出頭，凍齡美魔女，高職念的是美髮科，一路從洗頭妹做到設計師，不到三十歲便升格髮廊店東，常客也成了她的男友。

然而幾年前，就在兩人結婚前夕，小鮮肉男友突然捲款棄婚，連她的嫁妝也搜刮殆盡，髮廊幾度周轉失靈，加上她無心經營，最後被迫頂讓。而那傢伙一年半後在東莞被抓包，當時剩下的錢還夠他養兩個女人。

之後小鮮肉雖然被送去吃牢飯，但她再也不相信任何男人，復仇大計於焉展開。她專挑有婦之夫下手，再利用自殘住院，坑殺對方，錢一到手後便全身而退，成了小三專業戶，每一條刀疤，都是一條外遇亡魂。

邊緣型人格大多是因為害怕被拋棄，因此以自傷來製造對方的愧疚，目的是「留住對方」。但她比較特別，每一次自傷都是為了製造男人的恐懼，目的是「拋棄對方」，以此為樂。倘若不理解故事的暗線，很容易把她當作前者，事實上，她確實有邊緣型人格特質，但真正驅策她坑殺男人的，應該是情傷後的憂鬱症狀。

她的故事講得跟病歷八九不離十，而且還特別強調「男人都不能相信」這個結論。但事實上，我比較傾向她每次分手，或多或少都受了點傷，絕對沒有那麼鐵石心腸，因為如果只想拿錢，搞仙人跳就好了，不需要傷害自己。而且就算她通盤否認，最起碼這一次不一樣，因為這一次她是吞藥，而不是割腕。

「沒錯，你確實是最有資格自殺的。有些人自殺是真的想死，但有些人自殺只是為了想讓對方『得到教訓』，最後變成自殘。前者是為了解脫，後者是為了抗議，兩種不太一樣。你覺得自己像哪一種？」

「那我可以聽聽大家的意見嗎？」

我點頭時有點猶豫，因為在野黨看起來又開始坐立難安了。果不其然，她慢慢把上身貼向阿伯，但我真心覺得阿伯不能再接受任何物理刺激，我很擔心他會中風。

「隊長，你覺得呢？」

「呃……我想，兩種都有吧。」

「怎麼說？」我回應道。

「我想她一開始真的受傷了，就像剛剛那位賭后分享的，她當時只想解脫，所以選擇自殺，但後來就是為了報復男人，如果真要說的話，抗議的心態居多吧。」

「對於用自殘來抗議男人，你有什麼看法？」

「我覺得情有可原。我這不是在講什麼場面話，因為她一直沒打開心結，這種事，就算對方被抓去關，也不代表心裡的傷就會好。我小妹比你虛長幾歲，幾年前也被男人騙，就算我老弟把那傢伙揍個半死，小妹還是一樣心痛，這事兒沒傷個三、五年，是沒法往前看的。」

我接著說：「沒錯，人在極度心痛的時候，只能靠身體的痛去覆蓋。有人說看血流出來就會平靜，或者感覺到痛就覺得還活著，我認為這些講法都太過浪漫。自殘的起點都是很直覺的，目的都是在確認自己正在受傷，不論是生理還是心理。」

在野黨繼續說道：「不過就像老師說的，你可以問問自己：你真的得到你要的了嗎？你拿到他們的錢，就等於抗議成功了嗎？那要抗議到什麼時候才是個頭呢？我不知道。我認為你拿這些錢再去開間髮廊，找回手藝，人生說不定還開心點。」

語畢那一刻，阿伯背後發出了類似聖光的東西。

「在場的其他男士，還有誰要替自己辯護一下嗎？」

「割腕的痛，我非常能體會。」宅配男輕輕摸著自己的手腕。

「厚，就跟你說那是因為你割錯方向啦。」鬼剃頭立刻用手畫了一條直線。

「就算是這樣，要把自己的手切開三十幾次，也不是鬧著玩的，是我就不敢。但你這次是吞藥進來的，跟之前不一樣，所以我猜你這次可能真的受傷了吧，不是只有抗議而已。我覺得中華隊長講得很好，就算要抗議，也不需要拿自己的身體抗議，拿你的新店面去跟男人抗議，不是更理直氣壯嗎？」

「講得很好，記得也要用在自己身上喔。」我看著宅配男。

「抱歉，我講太多了。不過，真的不是每個男人都像你那個男友，我雖然沒交過女朋友，但其實……」宅配男乾咳了一聲，突然尷尬起來。「但其實我也是個好青年，每天都有按時吃藥，而且很孝順媽媽，出院後一定會好好工作，如果可以，請給我一個機會，我從以前就喜歡姊姊型的……」

後面這一大串有的沒的都是鬼剃頭亂配音的，宅配男本人已經用手把臉埋起來了，這應該是到目前最歡樂的場景。

「妹仔，大哥我不敢說自己是什麼好男人，自從跳樓斷腿後就變得很愛喝酒，也會常常凶老婆，但我絕對不會去騙女人，也不會外遇。我跟你保證，我一定會讓你少一個抗議對象。」

「你放心，她也不會找你，你沒錢讓她騙！」十三么順勢搭腔，在野黨點頭附和，「我老公從過世到現在，我每天都很掛念他，他是我最信任的人，至少這個人不會在你的名單內。阿姨跟你說，你遇人不淑，這件事回不了頭，而且確實不好彩，意思就是不走運啦。但不是只有你，坐在我們這一排的運氣都不太好。運氣不好沒關係，你還有那把刀啊，只不過拿它割自己的手好浪費的，它比較適合幫別人修剪門面。」

一直到團體結束前，黑寡婦都沒再說話，只是抿著嘴角讓眼淚流下來。結束後沒有任何團員先離席，即便宅配男的媽媽來探病也一樣，沒有人多說什麼，大家用同樣的姿態，靜靜地坐在原地陪她，陪她把委屈掏出身體，陪她把抽咽聲收進身體。團體治療帶了那麼多年，我從來沒看過這種收場方式。

這是一支只有六個人知道的自殺突擊隊，成軍時間九十分鐘，裡頭沒有「死亡射手」，沒有「哈莉奎茵」，只有一群運氣不好的人，運氣不好到連死神都拒收。但我更相信是他們命不該絕，或許之後還是會有人喝酒鬧事，有人會和孫女和解，有人會再住院個幾次，但至少他們了解到，在死神身上，沒有他們想要的東西。

回到休息室，時間早已超過三點半，我跟無緣的咖啡正式訣別。沒想到幾分鐘後，警衛大哥居然自動提了兩大袋咖啡放在桌上，還指明工作人員一人一杯。

我很感動，那是一種女友終究還是選擇回到我身邊的感動，但是事實證明我想太多了，這純粹是因為宅配男愛喝咖啡，他媽媽愛屋及烏送上來的。如果提前離開，我根本喝不到，提早去買也沒用，因為聽說現場早就被塞爆了。

於是我拿著那杯殊途同歸的幸運咖啡離開，順著醫院的玻璃樓梯間，一路往下走到五樓，然後望著窗外。

如果沒記錯，這就是鬼剃頭當初跳樓的高度。我一邊喝咖啡，一邊看著遠處的雲，想像著他越過陽台圍牆的樣子，當初他望著前方時，不曉得看到了什麼畫面；往下跳之前，有沒有因為突如其來的風聲而感到退縮。

站在這樣的高度，人可以向前看，也可以往下跳，生死的距離成了一個直角，但在那個當下，一無所有的當下，往下跳遠比往前看還要容易。畢竟選擇死亡，只需要一個決定，選擇活著，卻必須面臨更多的決定。

因此即便身為心理師，有很長一段時間我都不太明白，自己究竟有什麼立場能阻止他人自殺。決定自己身體的去留，應該是人類的基本權利。就像精神病學家湯瑪斯・薩斯（Thomas Szasz）說過：「自殺只是一種方法，讓死亡從被動的機率變成主動的選擇。」這樣的行動，也只是所有生命行動中的其中一種而已。因此對於選擇死亡的人，我實在無法剝奪他的權利。

直到最近幾年，陸續接觸自殺未遂的案主，我才發現那些所謂「選擇死亡」的案主裡頭，有很大一部分其實是對死亡「有所懷疑」的人。人在死亡面前是很倔強的，不會輕易表現出他們的懷疑，因此那些人才是屬於我的守備範圍。

人之所以自殺，是因為痛苦，但移除痛苦的方式，不一定只有自我了結。也就是說，堅信唯有自盡才能解脫痛苦的人，我只能尊重你的權利；但如果你對自殺有所懷疑，就表示你「不否認」還有其他方式可以解除痛苦，那麼請你繼續保持懷疑，哪怕只有一點點也好。只有懷疑，才能讓生死拉開一些空隙，再透過那空隙，看到一些多出來的選項。

死亡是必然的終點，有人搶先一步抵達，有人想盡辦法遲到，然而無論選擇早到或遲到，都是寂寞的決定。

與兒童談死亡

第二次參加告別式的四歲女孩

死帶來了生的焦慮，而生的焦慮讓我們學會珍惜。

「把拔，我們為什麼要來拜拜？」

當女兒在靈堂旁拋出這句話時，我想起了小鐵。

一直以來，女兒都由我接送上下學，我們總是在相同的位置等紅燈，看著傍晚的天色，一邊討論晚餐，一邊否決對方的選項。

有一天，她注意到了水溝邊的某根草，那是一根高顏值的草。身板硬挺，翠綠飽滿，簡直就是枚仙草，女兒甚至把它當成陽台那株龍鐵樹的一部分，一心一意幫它認祖歸宗，於是它有了名字：「小鐵」。

自此之後，一旦路過水溝，我們都會跟小鐵打聲招呼，然後周圍的騎士都堅信這對父女有幻覺。遺憾的是，接下來一個多月久旱未雨，小鐵的尾部開始冒出淺褐色的區塊，然後一路往身體中心蔓延。

女兒察覺到它的體表變化，卻不了解為何兩種顏色會相互消長，她還沒有枯萎的概念，於是我跟她說：「小鐵生病了，不喝水的話，身體會變成土黃色的。」而她開始企盼著有人來澆水。這心願上達天聽，於是接下來時盛時衰的雨水，讓小鐵苟活了一陣子。但它就像一根化療後的草，身體分成兩截，一截回不去從前，另一截不知何時會被進犯。

終於在三個月後，小鐵全身都被淺褐色所覆蓋，伏貼在雨後的溝邊上，彷彿只是真身蛻皮後的殘跡。女兒蹙著眉，露出惋惜的表情，「把拔，怎麼辦?它好像已經『哇哇哇』了。」

「哇哇哇」這三個字必須帶著鼻音，節奏跟「嗡嗡嗡」差不多，最好還能自帶動作，通常是伸出食指，然後慢慢地彎下來，請想像食指中槍，然後掙扎一下的樣子。「哇哇哇」是我們對死亡的暗號，而我確信這一定是學校某個男生為了吸引女生注意，選擇裝死所發出來的聲音。

兩個月後，某個遠房長輩也步上小鐵的後塵，在癌症的進犯下，身體分成兩截，舉辦了隆重的告別式。

這是她第二次參加告別式。

第一次參加告別式，她只有兩歲，全程躺在嬰兒推車裡，在睡夢中走完全場。因此這場告別式，她變成了陌生人，有很多事需要習慣。她需要習慣這個場合允許哭泣，需要習慣棺木裡的人不是在休息，需要習慣大人露出脆弱的樣子，需要習慣場外震天價響，場內卻都在低泣，需要習慣哀戚的樂音，需要習慣那些繁文縟禮，以及不時飄進靈堂的小雨。

即便滿腹疑問，但她最想問的還是那句：

「我們為什麼要來拜拜？」

「還記得小鐵嗎？」我蹲下來，視線與她齊高。

「記得啊，他已經『哇哇哇』了。」

「那我們後來跟小鐵說了什麼？」

「我知道，我們說了Bye-Bye，跟他拜拜。」

那天我們停下車，慎重其事地走近溝邊。

「還記得為什麼嗎？」

「因為你說我們再也見不到它了，所以要說拜拜。」

「沒錯，所以我們今天來拜拜，就是為了說『拜拜』。」

「所以他也『哇哇哇』了嗎？」女兒指著靈堂前的遺照，那是個收斂的笑容。

我點點頭。

「跟愛睡公主一樣嗎？」其實就是白雪公主，但她覺得這個講法比較符合人設。

「完全不一樣啊寶貝，伯公絕對不會想穿公主的衣服，就算他們的家人很想再親他一下，他也不會因為這樣醒過來。他現在就跟小鐵一樣，所以我們要和他說再見。」

她看起來有點茫，於是我決定講得簡單一點。

「因為以後我們看不見他了，但又很捨不得他，所以要跟他說再見。」

舞獅團剛結束，陣頭與孝女輪番進場，鼓樂砲聲齊響。面對這種陣仗，女兒顯得有點害怕，旋即摀起耳朵，我輕輕地撫著她的背。

「很大聲對不對，別擔心，這些人都是來跟伯公說拜拜的。有人很熱情，有人很難過，每個人說拜拜的方法都不一樣，就像有些人會揮手，有些人會哭哭一樣。」

「那伯公會不見嗎？」

「嗯，伯公現在就躺在那個箱子裡，之後會有人把它推進一個黑洞，那個洞很神奇喔，一點火，咻一聲就會把人送到很遠很遠的地方，跟火箭一樣飛超遠。」

「那他還會回來嗎？」

「不會。就像你之前很喜歡的小小兵氣球，它後來在公園怎麼了？」

「不小心飛走了。」

「對，所以伯公就像那顆小小兵氣球。」

「那他好可憐喔。」

「哪會，可以飛向天空超酷的，說不定它才不喜歡被我們綁住咧。」

「可是，我覺得不見會很可惜啊。」

「嗯，我也覺得不見很可惜，但有時候它又會偷偷跑出來喔。」

「才不會咧，把拔你亂講。」

我承認，但亂講拿來轉移注意力十分受用。

「你看喔，雖然伯公的身體不見了，但如果他的家人很想他，他們作夢的時候，他就會出現在夢裡，就像你很想吃草莓麵包，作夢就會夢到草莓麵包一樣。如果沒有作夢，也可以看看照片，那他就會出現在照片裡。聊天聊到他的時候，他也會出現在大家的心裡。」

「好奇怪喔。」

「把拔問你，你會想念老妮嗎？」老妮是我十多年前收養的流浪狗，但一直丟給苦命的老母養，目前定居高雄。論輩分，老妮算是女兒的姊姊，但這件事她想像不出來。

「想念啊。」

「那你想她的時候會怎麼辦？」

「嗯，看照片。」

「為什麼你想看照片？」

「因為老妮在裡面。」

「那她是不是就出現了？」

她點點頭。

「只要我們一直想念她，她就會一直出現。」

「那老妮會『哇哇哇』嗎？」

我深吸了一口氣，「會啊。」

「我不想要老妮不見。」

「我也不想，雖然她嘴巴臭臭的又很膽小，但我還是會捨不得。那要怎麼做呢？」

「要一直想念她。」

我摸摸她的頭，慢慢將她抱起來，路的盡頭還有三組陣頭等待進場。

「沒錯，要是她不見的時候，我們一定要好好跟她說再見，然後一直想念她。」

「那把拔你們呢？會不會不見？」

對話走到這裡，終於迎來這一句。

「嗯，那還要很久很久以後，因為我還要保護你跟馬麻啊。因為我是什麼？」

「你是騎士。」對，我們家沒有國王，所謂騎士也只是把馱夫講得好聽一點。我們家只有女王和公主，就跟神力女超人的故鄉一樣。

「你放心，把拔一定會好好保護你，然後把所有偷親過你的男生的手剁掉。」

「不要！」她給了我一個絕對不能剁掉的名字，然後緊緊抱著我，一副很想念我的樣子。

鼓動聲依舊持續著，但我分不太清楚那究竟是遠方的鼓聲，還是女兒的心跳聲。

跟孩子談死亡，一直都不是簡單的事，光是起手式便莫衷一是，當然也沒有標準流程，與亡者的親疏遠近更左右了整件事的難度。

學者認為，在三到五歲孩子的想像裡，死亡就像一種可逆反應。也就是說，死亡對他們而言，可能等同於電玩遊戲中的三條命少了一條，只要努力補血吃金幣，那條命就會加回來。即便無力回天，也只要任性地按下重啟鍵就好，於是死亡變成一種可逆反應，由正負號決定。

又或者，死亡只是一種暫時的分離，這是大野狼教會孩子最重要的一件事。這位童話反派的先驅，在每個故事開頭重生，結尾亡故，以八百多萬種死法成為領便當專業戶，但又在不同的平行時空裡無限復活。因此他的死亡沒什麼重量，因為他從未真正離去，孩子在他身上學不到如何悼念。

由此可知，孩子離死亡並不遙遠，甚至與它周旋已久，因為他們早從電玩設定與繪本情節，甚至生物的枯榮中得到答案。但讓家長諱莫如深的是，擔心談論死亡會觸犯禁忌，動搖心緒，讓孩子從扁平的世界觀中翻覆，直陷地表。

事實上，死亡原本就是世界運作的一部分，是現實的某個章回。肉身的興衰彷如氣象，但我們不可能只談論晴天，將生死教育納入日常，才能撫平死亡帶來的衝擊。

很多時候，我們高估了死亡的談論門檻，但家長真正欠缺的，其實只是開口的勇氣以及切入的角度。不過別擔心，接下來，我會提供幾個重點。

如何和孩子談論死亡，除了前頭的對話，順道推薦以下兩篇文獻（線上都搜尋得到），分別是：〈與四歲幼兒談生論死——一場由對話衍生的生命探究之旅〉，以及〈如何與學齡前幼兒談論死亡〉。這兩篇文獻提供了數種開場契機與執行技巧，在此節錄相關重點與建議，提供給各位讀者參考：

● **動、植物是生死教育最自然，最不具威脅性的題材，可由此入門。**

●繪本與戲劇也能拓展談論契機。
●可從成人自身的生命經驗出發。
●當孩子主動發問時，請把握時機，最適當的回應是據實以告。
●以開放的態度澄清孩子的死亡認知，才能減少他們的不安。
●對話不只是回應，更是一種教育歷程。

死帶來了生的焦慮，生的焦慮讓我們學會珍惜，死生契闊，人之常情。但對於一個四歲女孩而言，她還不需要學會這種豁達，只要能在這場合無所畏懼，好好向眼前的人說聲再見，把想念傳染出去……

那麼至少，死亡也教會了她一件事。

◇◇◇◇◇◇◇◇◇◇◇◇◇◇◇◇◇◇◇◇

內文第二九一頁的兩份參考資料：

＊陳貞旬（二〇〇七）。與四歲幼兒談生論死——一場由對話衍生的生命探究之旅。《教育研究與發展期刊》，三（二），一一三—一四二。

＊黃彩桂、劉彥余（二〇一四）。如何與學齡前幼兒談論死亡。《臺灣教育評論月刊》，三（八），九十二—九十五。

◇◇◇◇◇◇◇◇◇◇◇◇◇◇◇◇◇◇◇◇

創傷後壓力症

重返創傷現場

有時候經歷創傷，這世界回敬你的，除了傷疤，或許還有意料之外的饋禮。

一開始是塑膠味，不，應該是燒塑膠皮的味道。

不知道那股刺鼻的味道是從哪裡冒出來的，她被嗆醒之後，視力似乎還沒跟著甦醒，周圍的聲音全都混在一起。她把自己的腦袋當成收音機的旋鈕，微微晃動，就像調整廣播頻道一樣，把數字轉到最準確的位置，然後慢慢辨識出那些聲音。

那是一群人說話的聲音，電鋸轉動的聲音，鐵片互相撞擊的聲音，類似救護車的聲音，不斷有車輛穿梭的聲音，伴隨地面晃動的感覺，角落還有一絲微弱的哭聲。

閃現的火花不斷從眼角冒出來，像有生命似地，過了一會，感官逐一歸位，聲音越發清晰，她定睛一望，才明白眼前為何一片模糊，原來她正處於倒立狀態，長髮遮掩了視線，臉頰上的汗不斷滲進眼睛。她覺得好熱，安全帶把她固定在顛倒的世界，血液只能往反方向流，渾身刺痛，就像一個絕望的標本。忽然間火花與電鋸聲都消失了，她彷彿聽到有人在自我介紹，此時安全帶應聲斷裂，接著被一股力量往前拉，整個世界在一瞬間回正，陽光變得刺眼，她回頭一看才發現，身後是一輛翻覆的休旅車。

幾扇被鋸開的車門疊在一塊，微弱的哭聲則來自下一個被拉出來的女人，車身拖著兩道歪斜的煞車痕，發出刺鼻的塑膠味。她驚魂未定地望著天空，不知道先生現在在哪裡。擔架上全都是汗，右手袖子就像浸溼的毛巾，整個輕飄飄的，不對！她抬起手臂一看，才發現所謂的汗其實都是血，而輕飄飄的部分則是殘餘的皮肉，原本渾圓的手臂居然少了三分之一，連痛都還來不及感受，她再度暈了過去。

一直到她在加護病房的病床上驚醒，她才慢慢回想起來，那天是高中同學三十週年聚會，一行七人擠進了廂型休旅車。

往南的國道上，天空很藍，話題原本繞著露營設備打轉，不知怎麼突然跳到歷史老師身上。老師最愛講的就是那句：「同學，這題誰會，嚴重加分！」然後坐在副駕的胖子開始學起那句「嚴重加分！」一副很嚴重的樣子。車上的人全都笑歪了。

當笑聲還在往後座延續時，突然就被刺耳的煞車聲給截斷，車子彷彿誤闖了什麼禁地，她還來不及摀上耳朵，車身便開始翻轉，速度之快，讓她覺得整個世界正在往自己身上壓。此時車身短暫騰空，她坐在窗邊，感覺到右半側即將被柏油路面吸進去，在車身著地之前，副駕的胖子被甩出車門，這是她看到的最後一個畫面。

說到這裡，婦人開始哭泣，於是我們停了一會兒。

為了閃避前方貨車掉落的鐵條，駕駛緊急煞車後不慎打滑，車身隨即朝右翻傾，拖行了二十多公尺直到內線護欄邊才停下。副駕的胖子因為沒繫緊安全帶被甩出車外，顱骨挫傷，其餘乘客兩人重傷，四人輕傷。由於婦人的座位靠近右側車窗，車身拖行時造成她的右手臂嚴重撕裂傷，皮肉幾乎被削去了大半。

自此之後，她覺得人生幾近崩毀。

事實上，也確實如此。

接下來半年，她幾乎沒再跨出家門一步，因為她無法忍受馬路上的一切，包括車輛從眼前穿梭的流速，引擎運轉的鼓動，以及突如其來的煞車聲，尤其是煞車聲。這些聲音與影像會直接衝擊她的視聽，瞬間將她拉回生死交關的車禍現場，力道之猛，即便在夢中也會被拉出夢境。

在死亡面前，她毫無招架之力。

不僅如此，她也無法再搭乘任何交通工具，她唯一信任的，只有自己的雙腳。

相較於右臂，下半身算是倖存下來了，但醫師規定一週必須復健兩次，讓右臂剩下的肌肉維持運作，因此她只能妥協，戴上耳塞，舉步維艱地走向五公里外的醫院。而且在這沒完沒了的夏天，她還是堅持穿長袖，防的不是陽光，而是旁人的刺探。一旦讓人看見傷疤，她就會再次被拖回事發現場；相較於煞車聲，這種刺探更像一種凌遲，因為她必須花時間思考如何回應，這件事遠比復健更讓她感到耗竭。

她的駕駛能力、社交圈、對這世界安全的信任、對交通工具的仰賴，都在一場車禍之後被翻轉了。現在她得時時提防手臂被人看見，把每件短袖衣物丟進回收箱，只差還沒剪掉悠遊卡與駕照。手臂明明變輕，身體卻變得更沉重，一打開情緒只剩害怕，只好選擇關起來，什麼地方都不想去，臥房的門成了她唯一的屏障。

但最可憐的並不是她，而是她先生。他必須忍受妻子從夢魘中驚醒，只因為救護車路過窗邊，或是車輛警報器夜半乍響。他也不敢去小便，因為沖馬桶的聲音會穿透妻子的夢境，把她拉回現實，後果就是陪著妻子一起失眠。

任何與車禍有關的新聞與文字訊息，就像一片鋪在生活中的透明地雷區，他必須踮著腳尖如履薄冰，一旦踩雷就等著妻子爆氣。

妻子失去了安全感，除了復健幾乎足不出戶，就像一個行動自如的生活癱瘓者，到最後，他只能眼睜睜地看妻子變成一名典型的「創傷後壓力症」（Post-Traumatic Stress Disorder，簡稱ＰＴＳＤ）患者。

以上這些段落，都是婦人仰靠在沙發上，一邊做腹式呼吸，一邊跟著指導語，經由回憶，一字一句拼湊出來的。

這趟原景重現之旅，足足花費了四節療程，歷時一個月才完成；然而一個月前，她踏進會談室時，提出的卻是完全相反的要求。

「我只想讓這種痛苦的記憶消失，拜託！」

當時婦人一踏進會談室，劈頭便丟出了這句話，而這也是多數患者的唯一願望。於是我點點頭，戴上墨鏡，從胸前掏出一支閃著紅光，形狀很像鋼筆的裝置，那是一支記憶消除棒，沒錯，就是電影《ＭＩＢ星際戰警》幕後團隊研發出來的醫療器材，原價三百九十九美元一支，淘寶只賣三百九十九元人民幣。使用步驟很簡單，打開開關，案主接受閃光刺激，過往回憶一掃而空，取而代之的是治療者幫他預設好的故事。

由於好一陣子沒用了，我花了一點時間才找到開關。接著以有點生疏的姿勢打開開關，跟她說她半年前的經歷其實只是一場夢，最後按下閃光鍵，完美——喔不！忘記幫她的傷疤編一個理由了，一大塊肉突然不見必須好好解釋，趁她還在恍惚狀態，我趕緊隨口胡謅了一個故事，再度按下閃光鍵，水啦——喔不！剛剛那個故事裡的女兒還在台灣，實際上她去了加拿大，這樣會記憶錯亂，好吧，再來一次。就這樣趁亂來回搞了好幾次，好不容易搞定了，結果居然換她先生出事，他變成一個沒有過去的男人。因為我完全忽略他就站在一旁，整個過程中，我都忘記幫他戴上墨鏡，他被閃光閃到恍神，於是人生變得一片空白。

倘若真有這樣的機器，人生會變得更圓滿嗎？我不確定，至少她先生就被害到了。我只能肯定，為了逃避，人一定會不斷使用這台機器，周而復始，然後身上會不斷冒出許多無法自圓其說的傷疤，因為即便消除了記憶，傷疤也無法復原。

然而傷疤所代表的，不只是生理組織或心理狀態的癒合印記，更是一段生命經驗的濃縮。裡頭會有讓人厭惡的官能刺激，也會有值得珍惜的人物光景，可是一旦選擇捷徑，我們就永遠學不到如何處理自己的傷痛。等到哪天機器失靈，人就會跟著失能，因為在剝除記憶的同時，也剝奪了人的自癒能力。

一想到這裡，我決定把那支「記憶消除棒」收進腦中小劇場，然後對她說了五個字：

「抱歉，做不到。」

婦人迅速湧出淚水，在她先生遞上面紙後，我請兩人坐下，接著對婦人說：

「我這一輩子都在作同一場噩夢。大概凌晨三點多，我就會回到高中教室的座位上，超級莫名其妙，然後我手上會突然冒出一張考二十三分的物理考卷。我物理很爛，但可怕的是其他同學也陸續領到二十三分的考卷，然後都輪流把考卷交給我，說什麼要物歸原主，光這一趴就演了很久。不只這樣，就算我在夢中吃飯、開車、看電影，我拿到的帳單、罰單或電影票，全都是那張考卷，我很怕哪天夢到身分證翻過來只有這個分數。對，就是這麼欺負人，人在夢中是無法還手的。我知道物理考很爛跟車禍不能比，但我相信沒人會被物理考卷霸凌到醒過來。

「人都想讓創傷記憶消失，可惜這世界上沒有記憶消除棒，只能改變大腦結構。於是你有兩個選項：腦傷或是手術。前者可遇不可求，當然你可以找到各種讓大腦缺氧的方法，但代價是終身癱床，下半生過著圍圍巾擦口水的人生。後者更麻煩，大腦的記憶部位主要在海馬迴（Hippocampus），也就是顳葉內側的部位，不幸的是我們無法挑選記憶，只能把整塊部位摘除，就像蘋果不會幫你修哀鳳，只會送你一支全新的。但你的人生不會像拿到一支新的哀鳳一樣開心，因為沒有海馬迴，你除了過去的人生會不見，未來可能也留不住任何記憶。」

「那催眠呢？」

「那是一種相對和緩的方式，但目的也是要你去習慣這段記憶，而不是消除它。」

婦人瞠目結舌地望著我。她來這裡拋出問題，沒想到問題卻繞一圈回到自己身上。

「我明白，這場飛來橫禍改變了你的人生，你很想回到過去，讓身體回復原狀，但不管從物理或醫學上都做不到這件事。或者我們可以嘗試比較傳統的做法。」

「怎麼做？」

「跟這段記憶一起生活。」然後婦人翻了白眼，雖然時間很短，還是被我抓包。

「我知道這樣講很老套，但不管把它視為威脅或教訓，都會是你人生的一部分。能夠提起勇氣面對，找到方法共處，你得到的，會比失去一段記憶還多。」

「嗯，我也這樣覺得！」

她先生開口時，我還愣了一下，我無意間一直把他當成不小心被我刪除記憶的人。

「先說聲抱歉，我們也知道不可能刪除記憶，但我太太還是管不住嘴巴。其實我們還有另一個目標，她有個同學直接被甩出車門，傷勢慘重，預計要休養到年底才能返家。其他五個人都約好到時候一起探望他，只有我太太拒絕，而且還拒絕了三次，她根本不肯坐上任何交通工具，只肯走路。」

我想起這兩個人剛進門時，渾身都溼透了，她先生幾乎把所有家當都扛在身上。

「但她又很想去看看他，因此我們希望年底前，她能坐上交通工具赴約，什麼交通工具都行，我會陪她一起。」

自此，治療目標變得明確，然而算算日期，我們只剩下三個半月。

根據研究（Foa等人，一九八九），當一般人遭逢創傷後，身心受到劇烈的衝擊，信念會因此變形，慢慢扭曲成一組恐懼結構，結構核心便是「不再相信這世界是安全的」。若要降低恐懼的程度，有兩個必要條件：

一、重啟令人害怕的記憶。

二、加入與結構不相容的新訊息，形成新的記憶。

不管把記憶視為威脅或教訓，
它都是你人生的一部分。
能夠提起勇氣面對，找到方法共處，
你得到的，會比失去一段記憶還多。

也就是說，先讓她感受當時的恐懼，再重新審視整個事件的嚴重性，只要能「重新評估」，就有機會產生新的訊息，降低不合理的恐懼。簡言之，就是希望案主做到「可以害怕，可以學著適應，但不需要把恐懼擴張到生活的每個角落」。

因此，針對ＰＴＳＤ，治療方針會從「行為」與「想法」兩部分著手。

由於創傷的類型多樣，婦人屬於曾經「暴露在死亡或重傷威脅」的類型，整場治療會以行為練習為基礎，主要使用暴露練習法（Exposure Therapy），也就是所謂的身歷其境。一旦能一步步克服身歷其境所帶來的焦慮，就能累積足夠的信心，試著推翻「這世界已經變得很不安全」這種不太合理的假設，即便在生活中誤踩雷區，也能在短時間內恢復平靜，認清「這世界其實跟以前差不多，沒有想像的那麼危險」。但要讓以上的文字變成事實，勢必得先重啟記憶。

於是，治療創傷的第一步，就是重返創傷現場。

「想要回到馬路上，就要先想起馬路的樣子」，重返現場，除了讓治療者能更順利地了解事件始末，也能讓案主停止某種自虐式的想像。很多時候，對案主造成最大傷害的不一定是創傷現場，而是「對現場的想像」，畢竟身體回來了，記憶卻還留在現場，愈不敢回想，它在心中就會變得愈恐怖。藉由回想，讓身體逐漸適應害怕的感覺，都比先前毫無節制地擴散焦慮來得好。

不過，這不代表要粗暴地把她推回現場，在那之前，我們必須先做好兩件事：「心理衛教」以及「放鬆訓練」。基本上這就和去遊樂園坐「笑傲飛鷹」之前的步驟是一樣的。

心理衛教就像遊戲前的安全指示，用來告知案主整個症狀的細節，以及接下來的治療歷程，目的是替案主「做好心理準備」，讓他知道接下來會面臨何種處境，身體會有什麼反應，告訴他那樣的反應並不罕見。

放鬆訓練則是用來緩衝重返現場時的焦慮，那也是為什麼一群人坐「笑傲飛鷹」時，會發出不像人類該有的叫聲，目的都是為了緩衝恐懼，只是形式不太一樣。

於是在第一個月，婦人都在重複以下這件事，一邊使用腹式呼吸練習放鬆，一邊接受我的引導，重返創傷現場。

一個月後，我們從她描述的細節中，得知了幾項訊息，經過討論後，結論如下：

- 目前無法乘坐四輪工具，但願意嘗試兩輪的。
- 煞車聲依舊很困擾她，但願意嘗試拔掉耳塞。
- 大眾運輸工具以捷運或火車優先，可嘗試公車，暫不考慮計程車或自家車。
- 即便坐上交通工具也必須遠離窗邊，且不能行經國道，這點不強求。

接下來是最重要的步驟：設定暴露順序。每一次暴露都必須搭配放鬆練習，由先生作陪。

我們根據以上的結論，一起設定了這五道順序，依序進階：「步行來院，但試著拔掉耳塞」→「乘坐先生的機車來院，時速三十」→「乘坐先生的機車外出，距離不限，一週三次」→「乘坐大眾運輸工具外出，距離不限，一週兩次，不坐窗邊」→「乘坐大眾運輸工具到外縣市，一週一次，不坐窗邊，不經國道」。

由於時間剩兩個半月，因此我們設定每兩週就要進階一級，期間配合藥物服用，依照進度，最後一關若能達標，應該就能順利探望朋友了。

遺憾的是，進行到第四階段時，她卡關了，公車只坐一站就跳車，下車後立刻癱坐在站牌旁，差點被送進急診。於是隔週，她帶著滿滿的負能量走進會談室，第一句就來個經典的：

「人真是太脆弱了！我的胸口真的很不舒服，車子又晃來晃去，等下翻車怎麼辦？」

接著一堆問號就像不用錢的朝我臉上丟過來。我很期待被丟，但不是因為我有什麼特殊癖好，而是這代表我有機會幫她「重新評估」那些問號的真實性，讓她看清楚自己是否誇大了一些事。

「後來翻車了嗎？」

「沒有，我知道翻車的機率很低啦，但我就是覺得每一次都會遇上啊。」

「沒錯，在這種時候，機率根本說服不了你。不過你仔細想想，你之前坐車也沒有每天翻車，有可能這次車禍後就變成某種易翻車體質，之後一上車就百發百中嗎？」

婦人搖搖頭，「我也不知道我為什麼會變這樣。為什麼是我？我又不是壞人！」

「我知道整件事真的很倒楣，不過你並不孤單。急診室可能有群人跟你是同一國的，我相信裡頭也有一些好人，但他們還是被送進來了，可見車禍這種事根本就不看功德簿，純粹是抽到壞籤。」

我話才說完，婦人隨即淚力噴發。

「我真的覺得很不公平，嗚……」

「我也覺得很不公平，尤其是對你先生。」

「什麼意思？」

「你先生為你做的每一件事，你可能都覺得理所當然。受苦的人做什麼都被原諒，陪伴的人做什麼都被嫌棄，但他並沒有放棄你。光是這種態度，對其他受苦的太太來說，就已經是一件很不公平的事了。」

結果婦人哭到一半又偷翻白眼。

「我們可以一直哭，把從小到大各種不公平的事都罵過一次，如果可以，我陪你多罵幾次也沒問題，敲邊鼓是我的專長。但治療結束關上門之後，我會去載女兒下課，跟家人一起開心吃晚飯，而你只會更痛苦，因為你所做的每件事都會把那份痛苦加進去，你周遭的人事物全都被連坐，尤其是你先生。能坐上公車過一站已經很勇敢了，失敗也情有可原，但躲回臥室就什麼都沒有，還不如把眼淚擦乾，我們再調整一下做法，讓你能夠重新回到座位上。你覺得呢？」

兩天後，她再次坐上公車，可惜的是，這招似乎沒能奏效到最後。

最後一次療程她爽約了，我只收到先生的道歉信，表示婦人還是決定缺席那場約定，因為實在無法坐車到外縣市。於是我將後續的自助訓練與暴露進度寄給他，然後整個下午的會議都心不在焉，為何功虧一簣，沒有人可以給我提示，當然也得不到答案。

●

兩個多月後，橫跨了一個年頭，初五開工那天我收到一封電子郵件，附件有張照片。婦人跟先生一起坐在火車上，準備前往胖子家拜年。先生靠窗，兩人的笑容有些僵硬，但手握得很緊。

我注意到的不是信上的感謝，也不是晃動的畫質，而是窗外陽光斜灑在他們臉上的樣子，那是他們生命中的吉光片羽，而我有幸見證。

通常在這種時刻，唯一的謝幕語就是尼采的名言：「凡殺不死我的，必使我更強大。」但有時候經歷創傷，這世界回敬你的，除了傷疤，或許還有意料之外的饋禮，於是我決定讓林夕為陳奕迅寫過的那句歌詞登場：

感謝傷我的人，帶來保護我的人。

＊內文第三〇一頁的參考資料：Foa, E. B., Steketee, G., & Rothbaum, B. O. (1989). Behavioral/cognitive conceptualizations of post-traumatic stress disorder. *Behavior Therapy*, 20(2), 155-176.

＊「感謝傷我的人，帶來保護我的人。」：歌詞出自〈Special Thanks To 2〉，林夕作詞，陳奕迅演唱。

信仰與安慰劑效應

別急著開噴，「妙轉」其實是很科學的

這氛圍會凝聚成一股力量，讓你更有信心期待被治療，得到幫助，但也會剝奪你獨立思考的能力。

「抱歉，我應該是不需要什麼心理治療了，經過『師父』的妙轉之後，我現在已經好很多了。你們可能不信這一套，沒關係，還是祝你永生圓滿！」

這是我跟「師父」唯一一次隔空交手的經驗，時間是在「師父」的勞斯萊斯與五億精舍橫空出世的前兩個月。

很明顯，我被秒殺了，而且還死得不明不白。如果是被自己的業力引爆就算了，但我卻是被「妙轉」這兩個字給打趴的。這兩個字，在今天之前，我從來沒聽過。

是這樣的，門診臨時轉介了一個吞藥的婦人，但跟一般企圖自殺的患者不太一樣，她吞的不是安眠藥，而是抗鬱劑，可想而知，她本身就是重鬱症患者。因此，主治醫師請我評估她目前的情緒狀態，做為日後藥物調整的參考，如有必要，再視情況安排心理治療，不巧當時評估時段全滿了，因此我決定順延一週。

而這個決定，讓我見證到一個奇蹟，一個讓人感恩與讚嘆的奇蹟。

婦人年輕時奉子成婚，丈夫繼承了魚市場的攤位，大半輩子都躲在鐵捲門後賭天九牌，直到有天她刮魚鱗刮到一半，魚全被人收走，才知道丈夫把攤位頂出去了，於是她從老闆娘變成員工。

不過，這對她來說沒什麼差別，接送小孩時還是一樣渾身魚腥味。

女兒十歲時，丈夫倒會，祖厝直接變賣套現，她決定離婚。但這個決定也沒比較好過，因為女兒的撫養權判給丈夫，為了照顧女兒，同時省房租錢，她還是只能與丈夫同居一室。直到女兒大學畢業之前，她都擔任豪宅的管家，所謂生活就是一條直線，在豪宅與租屋處兩點折返；回到家，另一個房間住的是這輩子最不想再遇到的人。

她沒有任何可以訴苦的對象，她也不需要，她只需要錢，足夠還給債主以及供女兒上大學的錢。

女兒大學畢業那天，她抱著女兒哭了，不是因為解脫，而是覺得自己已經不再被需要。她失去賺錢的動力，接著開始失眠，動不動就頭痛，人也變得憂鬱，最後不得已找上精神科，吃了一些藥，然後休了兩個月長假。

重返工作崗位後，經過豪宅夫人的引薦，她懷著忐忑的心情去了一趟精舍，幾個月的隨喜護持之後，她穿上紫衣進入神教，主子從貴婦換成大成就明師，定期至精舍禪修，成為忠實的信眾。

這幾年她依舊斷斷續續地服藥，但只要能聽「師父」弘法，聽幹部分享，她就感覺好多了，藥物是吃心安的。只不過，女兒與前夫這幾年開始阻攔她到精舍禪修，只要爭執一起，她便選擇吞藥，這一次也不例外。

就在我決定順延一週的期間，婦人瞞著女兒，利用週日偷偷溜去精舍，因此當她坐在我面前時，我見證了奇蹟——容光煥發的外表，與主治醫師口中的厭世嘴臉簡直判若兩人。遣詞用字也超級正向，狀態好得不得了，好到連我都想跟她對調座位。

治療一個人，已經是非常困難的作業，更何況是一群人。究竟是什麼樣的力量，能讓這種彌漫式的療效遍地開花。有沒有一條明確的科學路徑，能解釋它的運作過程？

答案是有的。

「師父」之所以能橫掃版面大半個月，成為現象級的存在，主要還是拜捐款爭議及財務疑雲所賜，扣除這兩個有待商榷的新聞熱點，它的內裡其實與一般宗教無異。

與其寫一篇批判「師父」私德的爽文，不如站在巨人的肩膀上，以科學的觀點，釐清究竟是什麼原因能讓人不畏世俗眼光，前仆後繼地擠進紫衣部隊。

二〇一七年十二月的《國家地理雜誌》曾提及關於信仰的科學，這個主題與我先前教過的社會心理學有部分重疊。

簡單來說，能讓紫衣部隊誓死效忠的主要條件有兩個，一是「安慰劑效應」，一是「從眾效果」，而這兩個條件放諸各種宗教皆準。雖然一聽就覺得很頭大，但沒關係，我們慢慢講解。

一、安慰劑效應

這部分非常好理解。什麼是安慰劑，看字面意思也知道，就是晚上當你寂寞時拿來安慰自己的……別鬧了！安慰劑常用於藥物實驗，作用是拿來對照療效。

舉例來說，如果要測試一款頭痛藥是否有效，我們可以找兩個長期頭痛的阿伯，一個給真藥，一個給安慰劑（通常是維他命，沒有任何療效，但也不會傷身），但不跟他們說誰拿到真藥。之後每天一顆，連吃一個月，兩相對照後就能看出療效，以這種方式來測試藥效，最符合科學實驗的精神。

但不幸的是，有時候還是會凸槌，因為它會引發所謂的「安慰劑效應」。也就是說，有人只是吃了安慰劑，卻覺得頭痛好很多，甚至不再頭痛。一顆沒有真實藥效的藥劑，卻能改善症狀，為什麼？

因為，他們「期待自己能得到治療」。而這種「期待」所產生的力量，誘發了正向情緒與荷爾蒙，緩解了原有的症狀。

這不只發生在醫療現場，舉凡宗教集會、直銷課程甚至演唱會現場，都會上演這種現象。無論是名醫、活佛、超業或是天菜，只要在你面前的人具有相當程度的威望，他的語言就能產生重量，那股重量足以讓你產生期待感，不一定是期待被治療，也有可能期待被激勵或讚美，就算是普通的問候也行。同樣一句晚安，媽媽每晚打來就是有夠煩，五月天阿信寫出來就是一種黑夜的餘韻。

基於這個理論，密西根大學的博士班研究生托爾•維傑曾經做了一個關於安慰劑的實驗，再配合腦部掃描技術，順利勾勒出一條當人們身處安慰劑效應時，腦中會出現的路線，至於那條路線為何，容後再談。

二、從眾效果

想像一下，當你身處某個陌生場合，而現場情勢不太明確，或是因缺乏指引線索，讓你不知該如何行動時，你的第一反應通常是跟隨多數人的方向走。為什麼？因為「跟著大家走，比較不容易出錯」，這種傾向就是從眾效果。

當精舍裡滿滿都是信眾時，某種程度上，這已經是個「具有說服力的治療現場」了，因為裡頭坐著的不只是人，而是故事與見證。每一個虔誠的背影都在為這個集團背書，整齊劃一的動作變成一種無形的規範。這樣的氛圍會凝聚成一股力量，它會讓你更有信心去期待被治療，期待得到幫助，但同時也會因為同儕壓力，剝奪你獨立思考的能力。

為什麼不獨立思考？

很簡單，因為不需要。

當人們是因為「渴望人際關係」而進入團體時，獨立思考是第一個丟棄的東西。提出異議是革命在做的事，這與他們進入團體的立場相悖，團體裡只要有領導人給指令就夠了。

當然，每個人的性格不同，也有那種比較鐵齒又硬頸的少數個案，他們就是屬於不畏同儕壓力，選擇獨立思考並提出質疑的那一種。但往往都徒勞無功，因為連結群體的，不一定是領導者的信念或獨特的教義，而是一種互依共存的感覺。這種感覺一旦成形，神祇都只是介質，而人們透過這個介質，互相綑綁，彼此鍵結，哪怕搬出教典也無法說服他們。群體不會輕易地讓自己分崩離析，因此那些選擇跳出來的人，最後都只能成立對抗群體的粉絲團。

於是，我們可以粗略地說，療效或許來自於「安慰劑效應」加「從眾效果」。

現在輪到我們想像一下了。那個星期天，婦人下了公車，走進熟悉的道場，雖然先前神隱一段時間，但大家還是很熱情地招呼她，光是這一點，她就找不到缺席的理由了。

更幸運的是，那天「師父」有來，原本連續幾次都只是高級幹部的分享，因此當「師父」開口的那一剎那，她開始期待自己能再被療癒，而且是發自內心地相信。此時，一條貫穿大腦的神奇路線，便從她腦中躍然浮現——

以她的前額葉（印堂後面那一塊）為起點，它發出了粉紅色的訊號，訊號一路通過杏仁核與下視丘，最後傳到腦幹，命令大腦釋放「腦內啡」（Endorphin，一種天然類鴉片，可以把它想像成大腦的自製麻藥），以及「多巴胺」（Dopamine，負責調控愉悅感受）。只要「師父」的話沒有停，這些神經傳導物便會源源不絕地出現，它們不但能抵抗疼痛，稀釋憂鬱的感受，還能增加正向情緒，絕對是居家旅行必備良藥，此時她的大腦已經跟戀愛狀態沒什麼兩樣了。

而上述的神經化學反應，婦人稱之為「妙轉」。

只要有足夠的期待加上堅定的信念，腦內啡就能做出一定程度的貢獻。它的作用不是用來擊垮癌症或病毒，它也辦不到，但它能讓你的疼痛或憂鬱得到控制。與其說這是一種「治療」，不如說是一種「自療」。

此時，處於妙轉狀態的婦人看著周圍的信眾，每個人都在跟著音浪一起流動，因此她沒有理由、也沒有必要去質疑「師父」是否真的發功，畢竟放眼望去，隨處都是值得信賴的參照目標，這更加深了婦人對於治療現場的信心。她只想著一件事，「只要跟大家一樣，我也能被『師父』妙轉。」因此即使是身體感應比較遲鈍的信眾，經過這樣的集體暗示，也很容易掉進同樣的狀態，療效於是在個體之間流轉。

十五個小時之後，婦人把這樣的狀態帶到我面前，拒絕了心理治療。

整個過程，說穿了就是自體生產的腦內麻藥與群眾意志之間的交互作用，與其視為異端邪說，不如說是合乎科學歷程的化學反應。

宗教是人民的鴉片，因為它是無情世界裡的一絲人性，是塗炭生靈的一聲嘆息，這是馬克思的名言。因此，我們該思考的是：究竟要面臨什麼樣的情況，才會讓人義無反顧地投身其中，讓宗教成為她生活的浮木。

對婦人來說，心理治療確實無能為力，因為沒辦法為她帶來人際關係，而這正是她現在最需要的。

她花二十年完成了一件艱鉅的任務，沒有培養任何興趣，沒有建立任何社交關係，睜開眼就是工作，閉上眼就在捷運上打瞌睡。面對這樣的她，如果只能給「多去交朋友」這類冠冕堂皇的建議，那我更沒有立場阻攔她進宗教團體，最起碼這樣做，可以讓她不孤單。

或許，我們可以更寬容地去看待這樣的選項。

我們可以喟嘆，可以扼腕，甚至可以為她感到困惑，但只要是自由意志的選擇，只要不犯法，旁人便無從置喙，畢竟很多人真正想要的不一定是高深的教義，而是群體間的溫度。就算是自認旁觀者清的我們，也逃不過這樣的需求，差別只在於採取的路徑不同，但不代表誰比較高尚，誰又該被撻伐。

於是最後，我想起林夕寫過的一句歌詞：

不一樣的血肉之軀，在痛苦快樂面前，我們都是平起平坐。

◇◇◇◇◇◇

＊「不一樣的血肉之軀，在痛苦快樂面前，我們都是平起平坐。」：歌詞出自〈感同身受〉，林夕作詞，林宥嘉演唱。

◇◇◇◇◇◇

重鬱症

別再叫憂鬱的人加油了，他們身上沒有加油孔

自憐就請認真地自憐，好好沉浸在這段緩衝裡。

我很幸運。當兵時我擔任心輔員，不用出操，不用穿軍服，是個冷氣永遠吹不完的爽缺。那時冷氣吹的不是體溫，而是優越感，即便我只是個有心輔官在背後撐腰，狐假虎威的菜兵，依舊讓同梯們羨慕得要命，每個都願意拿身家跟我交換，於是那年夏天我多了一堆乾弟。

我服務的單位叫「心衛中心」，在軍中它等於另外兩個字：天堂。

但是，進天堂是有代價的。

在軍中，領很多錢，準備被國家重用一輩子的叫「志願役」；領個幾千塊，每天巴望退伍的叫「不願役」。這兩種人有個交集，就是體味都很濃郁，好，不重要，重要的是他們都很憂鬱。

這群人會在每週五的下午，把各自的憂鬱塞進一本叫「大兵手記」的冊子裡，由輔導長進行檢測，一旦含量超標，這本軍旅怨史就會像證物一樣被寫上編號，放進夾鏈袋，由專人送往心衛中心，交付心輔員進行輔導訪查。也就是說，擺在我們桌上的夾鏈袋，都是厭世圈的菁英，憂鬱界的霸主，而心輔員的任務，就是負責稀釋這些手冊的怨氣濃度，降低他們再度被裝袋的機率。

怨氣無色無味，即便穿上防毒裝備也是枉然，心輔員長期暴露在怨氣滿盈的實驗室裡，唯一能做的只有相信自己的身體，這就是吹冷氣的代價。為了吹冷氣，只能吸怨氣。

現在想想，軍營就像個厭世博物館，展示著各種憂鬱的狀態。根據我們手上這本厭世備忘錄，可大致將憂鬱類型分為以下幾種：兵變、被禁假、業務太多、學長拗公差、內褲晒不乾、胯下長溼疹，或是隔壁一直打鼾等。還有個傢伙每次都會以「絕筆」兩個字作結，通常會寫絕筆的人都還有些幽默感，因此我們不太擔心他的存亡。而這些大兵手記的結尾處，都有輔導長的心靈眉批（「你已經做得很好了」之類的），最後配上兩個大大的紅字：「加油！」

加油的目的是什麼？不太確定。

我能確定的是，絕對不會有人被這兩個字激勵。但也不會有人覺得被敷衍，因為我們都清楚，憂鬱這種情緒，不是軍階能夠安撫的。憂鬱就像一顆讓人疲於應付的快速直球，可憐的輔仔每星期都要面對成千上萬顆，他知道自己不是千手觀音，但至少還能留下這兩個字，試著把句號畫得圓滑一些。

因此，「加油。」＝「雖然不知道該怎麼安慰你，但希望你一切都好。」

對於一般大兵而言，這兩個字是個可接受的結局，畢竟只要把軍營大門打開，他們的怨氣就會一掃而空，開門放假比什麼神藥都有用。

但對於憂鬱症患者而言，加油這兩個字就顯得有點捉襟見肘了，這與他們所展現的「態度」有關，至於道理為何，容後解釋。

●

重鬱症（Major Depressive Disorder）有很多成因與種類，大致分為「生理因素」與「社會心理因素」。

生理因素包括更年期、甲狀腺機能低下（Hypothyroidism）以及神經傳導物含量過低等，其中最常與憂鬱症連在一起的神經傳導物，叫做血清素（Serotonin，簡稱5－HT）。血清素由中縫核（Raphe Nuclei）分泌合成，然後傳到大腦各區域，它對於大腦最重要的功能，就是「穩定心情」，一旦含量減少，後果可想而知。因此主流抗憂鬱藥物的作用，就是全力阻止它們被突觸前神經元回收，以一種絕不放手的姿態抱腿死命挽留，這種強行堵住去路的霸道藥劑，通稱「血清素回收抑制劑」（Selective Serotonin Reuptake Inhibitors，簡稱ＳＳＲＩ），其中最具代表性的就是百憂解。

除了生理因素，也可能是職場霸凌、人際疏離、經濟困境或情感失落等社會心理因素，造成憂鬱。根據《精神疾病診斷與統計手冊》第五版，憂鬱症狀有九項，包括失眠、暴瘦、動作遲緩以及自殺意念等，倘若把這些症狀串聯成一個有點絕望的劇本，大概會長得像這樣子：

你已經待業四個多月，而待業最恐怖的不是沒收入，而是讓人習慣沒收入。

你打開電腦，有一搭沒一搭地投履歷，舉目所及都是無聊的職缺，你不太清楚自己適合什麼工作，你只知道這些工作都不適合你，從來沒人問過你想做什麼，你也沒思考過這個問題，只是不想再被誰使喚。

房子退租後，你窩在家裡啃老本，每天行屍走肉，腦袋裝鉛，飯也吃不下，只想龜在床上數天花板的裂痕，然後開始變瘦，但絕對不是會被稱讚的那種。

家人不動聲色，把失望寫在眼神裡，這讓你確認自己的價值正在流失，於是到了夜晚，夢境成為一種折磨，失眠則成為解套的選項。

你拿起電話，對著碩果僅存的閨密、基友承認自己沒用，但這些告解聽起來比較像在抱怨，成分只剩老哏與淚水，對方無論怎麼苦口婆心都被你無視，於是你的哀鳳最後只剩下一個功能，就是囤積各種已讀不回的訊息。為什麼？因為大家受夠了。

這時候，你就會覺得沒有活下去的意義。

有些憂鬱症患者之所以讓人聞風喪膽，並不是因為憂鬱這個症狀，而是他們面對憂鬱時所展現的「態度」。這些態度大抵可歸類為「不想變好」以及「別人不懂我」這兩點，光是這兩點，就足以讓試圖安慰的人感到身心俱疲。

一、不想變好

這現象有個專有名詞，叫做「病人角色」（Sick Role）。意思是說，病人能藉由投入這樣的角色，合理地撇除社會責任，並需索某些好處，譬如他人的關心、削減工作量等。糟糕的是這件事做久了會覺得很合理，因為恢復正常並沒有好處，可惜朋友的暖心並不會無限供應，畢竟每個人都會對自己的安慰能量有所期待，一旦發現自己一直做白工，他們就會放棄安慰。

二、別人不懂我

這是一種歸因上的偏誤，歸因（Attribution）指的是「一個人如何看待事發的成因」。患者在極度憂鬱的時候，會產生內歸因，把矛頭對準「自己」，翻成白話就是煎熬系最愛的那句「對，都是我不好！」我堅信要是把這句話當成書名，裡頭就算包一本食譜也會賣翻。然而在一般情緒低落的時刻，他們可能會對人緣不佳這件事做出外歸因，將矛頭指向「他人」，譬如傲嬌系最愛的那句：「憂鬱症本來就是這樣啊，身為朋友，多一點包容很難嗎？」由此可見，這樣的歸因系統有個漏洞，就是過度極端。

當然，不是每個憂鬱患者皆會如此，即使如此，亦非刻意為之。坦白講，他們也不想這樣，只是人一旦變得脆弱，就會高估旁人的極限，忘記那些循環的怨懟足以讓人崩潰。因此，有些憂鬱患者會有個想法：「憂鬱也是一種殘疾，為什麼大家都能包容殘障人士，卻不能包容憂鬱症？」

但事實上憂鬱跟一般生理殘疾不同，它是一種情緒，而情緒通常具有「傳染力」，也就是說，與憂鬱的人相處，會讓人開心不起來，就算千錘百鍊的心輔員也一樣。很多人其實並不討厭憂鬱的人，也能理解對方的無助，但他們更怕被感染，畢竟修復情緒十分耗能，誰也不想被掃到颱風尾，因此最後只能說句「加油」，腰斬這場沒人想繼續下去的心靈講座，也就是說，這是一句走到盡頭的慰語。

而壓垮憂鬱患者的最後一根稻草，通常就是那句「加油」，因為這讓他們確認自己真的被放生了。

不過，這不代表世界末日。

台灣的憂鬱人口不算少，根據衛生福利部統計，二〇一六年，全台大約有一百二十一萬人使用抗鬱劑，這比例算是跟得上全球動態。除了服藥之外，其中有些人礙於病情與現實，不得不屈身巢穴，希望大家再多給他一點時間，這個選項沒有問題，選擇緩衝並不代表放棄。也有些人在洗澡時確認了一件事，那就是自己身上並沒有加油孔，於是選擇拯救自己，因為仰仗旁人的慈悲，沒辦法把自己帶到療程的終點。

然而選擇拯救自己，不是一個簡單的選項，不是打個勾就完事。因為在旁人眼中，拯救自己是一件本來就「應該」要做到的事，但對多數憂鬱患者而言，繼續憂鬱才是他們本來應該有的反應。當念頭兩相僵持，病程就沒有盡頭，畢竟不是每個人都有勇氣面對症狀。

倘若你還沒心理準備領身心科的號碼牌，或是敲心理會談室的大門，那也無妨，在那之前，你可以再沉潛一段時間，抑或試著做以下這幾件事：

一、把故事說清楚

想找人灑淚，也是講條件的，最起碼得把故事講清楚。根據我們往常與憂鬱症患者打交道的經驗，有一類最常被拒於門外，那就是「我也不知道自己為什麼這樣？」的類型。所謂「不知道」，有好幾種可能。一種是憂鬱成因甚多，一時之間千頭萬緒，因此「不知道」該從何說起。另一種「不知道」則是因為拒絕思考，一心只想讓淚腺發揮實力。

倘若是前者，我會幫他做一件事，就是把「我不知道耶」這五個字，重新設定成「我再想想看」。因為這五個字，通常是重大事件的燈標，燈一亮，代表挖到寶了，這時我會拋出引導句型，然後關掉自己的聲音，把時間留給他。

但如果是後者，一來就準備哭到飽，沒有丟出任何語言的案主，通常到第三次療程，我就會準備收尾或轉介。因為這種案主通常不是想被人理解，而是只想被人看見自己的委屈，這一點往往與治療目標相悖。

倘若你當時腦袋一片混沌，完全吐不出故事時，可以試著把「我到底失去了什麼？」這個問句當作線頭，慢慢拉出一段情節。因為憂鬱大多源自於「失落」的事件，失去的可能是物質，也可能是某段關係，以這個問句開展，就能慢慢梳理出前因後果。

相較於缺乏起承轉合的淚水，好好講個故事，無論是對自己或是對面的傾聽者來

遺憾的作用，
正是讓珍貴的事物浮出水面，
讓我們學會珍惜，避免下一次的錯。

說，都是比較實際的開場，畢竟對方必須掌握足夠的線索，才有條件在腦中形成畫面，然後把你的樣子放進去。

二、做好功課

大部分預後（Prognosis，對於未來病情的預測）良好的案主，至少都做到了同一件事，那就是「情蒐充足」。關於憂鬱症的情報，在網路上都是透明的文字與圖片，但訊息如海，該從何下手？

首先，請先試著對照「症狀與病程」，了解自己究竟離基準線多遠。很多時候，重要的不是症狀，而是它們的「發生頻率」與「持續時間」。人都有情緒，而情緒就和飲酒量一樣，過量與否才是重點。小酌與豪飲的差別，就是一般低落情緒與憂鬱症狀的距離。厭世也是日常的一部分，別急著給自己貼標籤。

第二，查清楚什麼是「認知扭曲」（Cognitive Distortions）。對於憂鬱症患者而言，這是一組非常好用的模板，大約有至少八組模板，每組的目的都是用來確認「誰能比我慘」這件事。不幸的是，確認這件事沒有任何好處，比別人還要早一步嘲諷自己，這種領先毫無意義。再者，這組模板本身就很歪斜，沒有任何矯正功能，以這種鏡片看世界，迷路也是遲早的事。這組模板，是把厭世患者推向懸崖的幕後黑手，要改變不容易，但至少先搞清楚它有沒有架在你的鼻梁上。

八種認知扭曲模板，全都有毒

「認知扭曲」(Cognitive Distortions)，往往是想法出現問題的元凶，這是由認知行為治療之父——貝克醫師（A.T. Beck）提出來的見解。簡單地說，它就像安裝在我們大腦的一套模組，裡頭至少有八種模板，每種都有毒，一旦安裝，立馬感染。

它們的作用也很明確，就是扭曲我們的「判斷與思辨能力」。這些扭曲的想法，一般人也會出現。但若在身心憂鬱的狀態下，再透過這些模板來看世界，便很容易延長憂鬱的發作時間。

不過別擔心，解毒的第一步，一定是先檢查症狀。倘若不幸中獎也沒關係，起碼你還能知道自己哪裡不對勁，但是否要起身解毒，全看自己的決定。

現在，請好好檢查自己中毒了沒。

● 二分法思考（Dichotomous Thinking）：這塊模板只有兩種顏色，白跟黑，而且九成都是黑色，沒有灰階，沒有緩衝，成敗相隔一線。因為當人憂鬱的時候，思考的彈性就跟條線一樣細，然後會義無反顧地把自己推向黑色那一邊。

● 過度類化（Overgeneralization）：這個模板有種玉石俱焚的傾向。它的作用是讓你在某個領域表現不佳後，心一橫，骨牌一推，連同其他領域一起拖下水，直到自信心全盤滅頂。這時你就能大聲說一句：「我真的什麼也做不好。」

●**選擇性摘要**（Selective Abstraction）：這個模板就像成一面濾網，而且還很稱職。透過這面濾網，你可以將關於自己和這世界的正向訊息全都過濾掉，把雜質留下來，然後深信那一大坨就是自己的人生。因為當一個人憂鬱的時候，他只想跟每個人比賽，自己收集了多少人生雜質，然後成為一個沒人想跟他合照的冠軍。

●**隨意推論**（Arbitrary Inference）：這個模板非常任性，一旦套用，你的求證能力便會被自動關閉。因為憂鬱的時候，覺得被討厭就是被討厭，覺得被否定就是被否定，我們不需要實質證據，不在乎思辨邏輯，完全以偏見為基準。

●**災難化思考**（Catastrophizing）：這模板一聽名號就知道作用，但你以為用了它之後，凡事就會往最壞的方向想嗎？錯了，根本是往世界末日的方向想。

●**標籤化**（Labeling & Mislabeling）：這模板就像一台自動貼標機，按下開關，只要經歷一次負向事件，我們就會開始幫自己貼標籤，只可惜貼的不是勳章，而是心酸。

●**誇大或貶低**（Magnification & Minimization）：這個模板和放大鏡完全相反，它的作用是讓一個人變得渺小，原理很簡單：「放大」自己的缺失，「貶抑」自己的長處，讓存在感降到最低。因為當我們憂鬱時，比起加分，我們更樂於幫自己扣分。

●**個人化**（Personalization）：這塊模板是模板中的王者，扭曲界的烈士。一旦決定使用，任何人的過失你都不會看在眼裡，因為一切都會變成自己的錯。你會在大家卸責時挺身而出，一手攬下所有的錯，沒人能跟你搶。等到日子一久，你就會改用「全都是我的錯」來跟每個人打招呼。

第三，試著了解「藥物的作用」，以及它會在治療中扮演著什麼角色。依據不同的工作性質與生活型態，藥物需求也因人而異。關於精神科藥物絕對不是禁忌的議題，成分、副作用以及藥理機制都是寫在書上的專業知識，單線治療與雙線併用（合併心理治療）各有市場，事先預習，有助於提早進入療程。

三、自憐可以，但請適度使用

憂鬱的人之所以認為自己最慘，是因為他對「自己」、「世界」以及「未來」這三方面都感到絕望——這就是著名的「認知三角」（Cognitive Triad）理論，困在這個三角形，比被困在百慕達三角洲還讓人絕望。

因此當你有那麼一點想「請允許我悲傷」時，不要客氣請盡量，但不要一邊自憐，一邊又妄圖振作，這是不可能的。自憐就請認真地自憐，一次做好一件事，好好把自己壓進悲傷，好好沉浸在這段緩衝裡。

但重要的是，千萬不要期待這時候有人來拉你一把，因為這時候的你肯定不好伺候，想討拍卻又驕矜，彆扭得要命，氣場勢必惡劣，敢跟你交手的大概只有房東而已，因此不需要再拉一個人陪葬。

要不要變好是一個選項，不是規定，但只要是選項都會有代價。你只需要提醒自己，緩衝時間愈久，起身就愈花力氣。

四、認清朋友的立場

許多短命的人際關係，都是從憂鬱症開始。原因在於，每個人對你的傾聽，都不是理所當然，而是源自於你先前的人際資產。只不過你手上沒有這本存摺，沒有實際的數字吞吐，看不到人情的交易紀錄，因此浪費了這些額度。

若希望朋友傾聽，我會建議「直接說明需求」，不要讓對方猜，因為你就是在等他猜錯而已。需要取暖，就說「陪我罵，不用給意見」。願意冷靜，就說「我想聽聽你的意見」。感性與理性，一刀劃清。

但若是想聽意見的，記得把「你說的這些我都試過了，但我就是做不到啊」之類的傲嬌話吞回去。沒有誰生下來就會安慰人，面對你的處境，他們也有自己的價值觀，他們並沒有那麼常處理情緒危機，一旦說出讓你覺得打不中要害的話，也只是剛好而已。

朋友的傾聽，珍貴之處不在於回話的品質，而是他願意付出時間成本，與你的煩惱共存。話不一定能說到心坎，但人至少都在你身邊，請好好善待這些人，你的每個舉動都會決定他們的去留。

五、工作是最實際的解法

這個建議比較適合對於工作舉棋不定，或是工作持續度不佳的案主。對於憂鬱症患者而言，工作最顯著的回饋不是薪資，而是「產能」。

產能就是生產能力，這直接影響一個人的自我價值與自尊，翻成白話就是：「我還有什麼用？」而憂鬱症患者通常就是因為找不到問號後面的答案，於是讓自己跑進了診斷裡面。

其實答案並不複雜，能夠養活自己，就是一件有用的事。當然，人生不是只有工作能證明這件事，工作是其中一種，重點是「起身去做」，真切感受到自己做到了一件事，都比一直在腦中幻想著自己做不到一堆事來得強。

不可否認，對於許多憂鬱症患者而言，鼓起勇氣踏進醫療體系，似乎只是為一場慢性抗戰吹響號角，然後把自己送進漫長的戰線。這確實令人苦惱，但不用絕望，因為憂鬱患者教會我最重要的一件事，就是「療癒往往是在日常中不知不覺地達成的」。

憂鬱就像一條失落之路，然後被一支討厭的筆不斷延長終點，一路看到的都是遺憾與錯身，然而，正因為這些失落，才提醒了我們什麼才是重要的。遺憾的作用，正是讓珍貴的事物浮出水面，讓我們學會珍惜，避免下一次的錯。人的能量，很多時候是從傷痛與挫折中磨出來的，當力量可以從身體裡面長出來時，我們就不需要再幫體表開個洞，就像樂團「Tizzy Bac」（鐵之貝克）的這段歌詞：

這是我們能感到的痛
才能永遠牢記心中
受過了傷　蹉跎了時光
然後學會堅強

◇◇◇◇◇◇

＊「Tizzy Bac」的這段歌詞出自〈這是因為我們能感到疼痛〉，由「Tizzy Bac」作詞、曲及演唱。

◇◇◇◇◇◇

國家圖書館預行編目資料

人生障礙俱樂部：臨床心理師的暖心小劇場
／劉仲彬著. --初版. --臺北市：寶瓶文化,
2018.12, 面； 公分. --(Vision；168)
ISBN 978-986-406-142-6 (平裝)
1.心理治療 2.心理諮商

178.8　　107019996

Vision 168

人生障礙俱樂部——臨床心理師的暖心小劇場

作者／劉仲彬

發行人／張寶琴
社長兼總編輯／朱亞君
副總編輯／張純玲
資深編輯／丁慧瑋
編輯／林婕伃・周美珊
美術主編／林慧雯
校對／丁慧瑋・陳佩伶・劉素芬・劉仲彬
業務經理／黃秀美　企劃專員／林歆婕
財務主任／歐素琪　業務專員／林裕翔
出版者／寶瓶文化事業股份有限公司
地址／台北市110信義區基隆路一段180號8樓
電話／(02)27494988　傳真／(02)27495072
郵政劃撥／19446403　寶瓶文化事業股份有限公司
印刷廠／世和印製企業有限公司
總經銷／大和書報圖書股份有限公司　電話／(02)89902588
地址／新北市五股工業區五工五路2號　傳真／(02)22997900
E-mail／aquarius@udngroup.com

法律顧問／理律法律事務所陳長文律師、蔣大中律師
如有破損或裝訂錯誤，請寄回本公司更換
著作完成日期／二〇一八年十月
初版一刷日期／二〇一八年十二月
初版二刷日期／二〇一八年十二月四日
ISBN／978-986-406-142-6
定價／三四〇元

愛書人卡

感謝您熱心的為我們填寫，
對您的意見，我們會認真的加以參考，
希望寶瓶文化推出的每一本書，都能得到您的肯定與永遠的支持。

系列：Vision 168　**書名：人生障礙俱樂部——臨床心理師的暖心小劇場**

1.姓名：＿＿＿＿＿＿＿＿　性別：□男　□女

2.生日：＿＿＿年＿＿＿月＿＿＿日

3.教育程度：□大學以上　□大學　□專科　□高中、高職　□高中職以下

4.職業：＿＿＿＿＿＿＿

5.聯絡地址：＿＿＿＿＿＿＿＿＿＿＿＿＿＿＿＿＿＿＿＿＿

聯絡電話：＿＿＿＿＿＿＿＿　手機：＿＿＿＿＿＿＿＿

6.E-mail信箱：＿＿＿＿＿＿＿＿＿＿＿＿＿＿

□同意　□不同意　免費獲得寶瓶文化叢書訊息

7.購買日期：＿＿ 年 ＿＿ 月 ＿＿日

8.您得知本書的管道：□報紙／雜誌　□電視／電台　□親友介紹　□逛書店　□網路
□傳單／海報　□廣告　□其他

9.您在哪裡買到本書：□書店，店名＿＿＿＿＿　□劃撥　□現場活動　□贈書
□網路購書，網站名稱：＿＿＿＿＿＿　□其他＿＿＿＿＿

10.對本書的建議：（請填代號　1.滿意　2.尚可　3.再改進，請提供意見）

內容：＿＿＿＿＿＿＿＿＿＿＿＿

封面：＿＿＿＿＿＿＿＿＿＿＿＿

編排：＿＿＿＿＿＿＿＿＿＿＿＿

其他：＿＿＿＿＿＿＿＿＿＿＿＿

綜合意見：＿＿＿＿＿＿＿＿＿＿＿＿＿＿＿＿＿＿＿＿＿＿＿＿＿＿＿＿

11.希望我們未來出版哪一類的書籍：＿＿＿＿＿＿＿＿＿＿＿＿＿＿＿＿

讓文字與書寫的聲音大鳴大放

寶瓶文化事業股份有限公司

（請沿此虛線剪下）

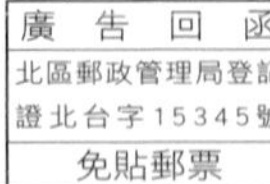

寶瓶文化事業股份有限公司 收

110台北市信義區基隆路一段180號8樓

8F,180 KEELUNG RD.,SEC.1,

TAIPEI.(110)TAIWAN R.O.C.

（請沿虛線對折後寄回，或傳真至02-27495072。謝謝）